VERGESSEN WAR GESTERN
WIR SPRECHEN DARÜBER!

Liebe Videofreunde,

In den weiten und tiefen der damaligen Videotheken regale befanden sich
etliche Filme die teilweise bis heute gänzlich
unentdeckt und unbekannt sind. Zur damaligen zeit entschied man sich entweder per Cover-Motiv für einen Film oder man fragte den Videothekar, andere
Besucher oder Freunde nach Film-Tipps.

Entweder man erwischte einen Hit oder Shit!

Wir haben uns zur Aufgabe gemacht, einige dieser Filme in dieser Heftreihe
an die Öffentlichkeit zu bringen und stellen Sie euch vor. Doch wir befassen
uns nicht ausschließlich mit ONLY VHS Filmen, viele besprochene und von
uns vorgestellte Filme sind bereits auf DVD / Blu-ray erschienen. Da heutzu-
tage kaum noch Wert auf ein ansprechendes Cover gelegt wird, kauft man oft
die Katze im Sack.

Wir wünschen Euch viel Spaß beim Lesen, Stöbern und nehmen Euch mit auf
eine Reise in die Vergangenheit.

Impressum:

Herausgeber: Stefan Böse

Autoren: Barbara Goetz und Kristijan Skrobo
Lektorat: Adrian Monecke

INHALT

Seite 4 Prisoners (1991)

Seite 6 Wenn die Gondeln Trauer tragen (1973)

Seite 10 Night Angel - Die Hure des Satans (1990)

Seite 14 Cage Fighter (1989)

Seite 16 Die Blechpiraten (1974)

Seite 20 Kannibalinnen im Dschungel des Todes (1989)

Seite 24 Sam Whiskey (1969)

Seite 28 Universal Soldier (1992)

Seite 34 Car-Napping - Bestellt, Geklaut, Geliefert (1980)

Seite 36 Hochzeitsnacht im Geisterschloss (1986)

Seite 42 Reform School Girls (1986)

Seite 48 Summer School (1987)

Seite 52 Twister (1996)

Seite 60 Die Glücksritter (1986)

Seite 64 Dragonheart (1996)

Seite 72 Heisse Nächte in Hollywood (1974)

Seite 76 Pulse (1987)

Seite 78 Seemann Ahoi!! (1967)

Seite 82 Unternehmen Seeadler (1951)

PRISONERS (1991)

Ben Kallin ist ein Verfechter von Gesetz und Ordnung. In einem Keller unterhält er ein Privatgefängnis. Dort richtet er Mörder hin, die in seinen Augen zu mild bestraft wurden. Ein selbstgebastelter elektrischer Stuhl ist ihm dabei von wertvollem Nutzen. Der Politiker STANFORD der Gouverner werden will, vertritt mit der Wahlkampfparole zur Abschaffung der Todesstrafe seine Vorstellungen von Gerechtigkeit. So sehr sich beide Männer unterscheiden mögen, verbindet sie jedoch ein schreckliches Geheimnis, sie sind Täter und Opfer zugleich – sie sind PRISONERS – Gefangene des Wahnsinns. Die junge Wahlhelferin KIMBERLY ist den rätselhaften Vorgängen auf der Spur. Doch niemand wird ihr glauben, denn die Wirklichkeit übersteigt die bizarrste Phantasie...

„Prisoners" ist ein Film, der Anfang der Neunziger auf einigen kleinen Festivals seinen Zuspruch und Aufführung fand, bevor er, wie so oft, in den Videotheken in die Regale beordert wurde. Es war der zweite Film von Regisseur Sam Irvin. Irvin drehte vor allem eine Handvoll Produktionen für Charles und Albert Band.

Der Film ist eine Mischung aus Komödie mit schwarzem Humor und einer Art Parodie auf Basis der Selbstjustiz - Streifen der 70er Jahre. Problem der ganzen Thematik ist es, das diese Dinge nicht oft miteinander harmonieren und das Konzept gänzlich versagt. „Prisoners" wurde eindeutig mit einem kleinen Budget inszeniert. Dies merkt man vor allem an den Lichtverhältnissen. Vieles wirkt extrem künstlich und inszeniert. Es ist natürlich auch möglich, das Irvin dies so beabsichtigte, das kann man nicht genau sagen. Nimmt man jedoch noch andere Aspekte hinzu, so kommt man eher zum Entschluss, das es einfach nur billig gemacht wurde.

VON STEFAN BÖSE

In den letzten 20 Minuten des Films fragt man sich leider oft: Wer oder was macht er dort? Der Plot der einzelnen Charaktere werden achtlos ineinander vermischt, so das es schwer wird, einen Zusammenhang zu entdecken. Das verzerrt den Unterhaltungswert enorm. Hinzu kommt, dass manche Handlungsszenen im Film „Prisoners" kaum etwas mit dem Plot des Films zu tun haben!

Punkten kann „Prisoners" jedoch mit seinem Cast. Vor allem Rod Steiger Fans sollten nun hellhörig werden: Als einmaliger Oscar Preisträger, der in den 90er Jahren wohl jedes Filmangebot annahm, rettet den Film zumindest etwas. Seine Darbietung ist ansehnlich und erweckt Neugier. Man kann gut sagen, das ER den Film und die Story trägt und ihn ins rechte Licht rückt. Fans von der Schauspielerin Heather Graham werden wohl auch neugierig

auf den Film, denn zu der Zeit des Drehs war die erfolgreiche Schauspielerin noch am Anfang ihrer Karriere und knappe 21 Jahre alt.

„Prisoners" ist schwer einzuordnen und in eine Schublade zu stecken. Eine Mischung aus Krimi, Komödie und Horror - die teils etwas unausgewogen wirkt. Bislang ist er in Deutschland ein ONLY VHS Kandidat und im Vetrieb von EMPIRE / VPS erhältlich. Zugegeben - Das Cover und Poster - Motiv machen neugierig auf den Film, jedoch sollte man seine Erwartungen etwas zurückschrauben und versuchen den Film zu genießen.

Vergessen war gestern, wir sprechen darüber!

Der englische Maler John Baxter kommt mit seiner Frau Laura nach Venedig, wo er Kirchenmalereien restaurieren soll. Beide trauern um ihr Kind, das erst kürzlich ertrunken ist. Als sie zwei mysteriösen Schwestern begegnen, von denen eine blind ist und angeblich übersinnliche Fähigkeiten hat, entwickelt sich ihr Aufenthalt zum Alptraum und beide geraten in den Bann unheimlicher Visionen.

Architekt John (Donald Sutherland) und seine Frau Laura (Julie Christie) wollen den Kummer um den Verlust ihrer kleinen Tochter Christine im schönen Venedig verarbeiten und wieder zueinander finden. Aber auch der Beruf als Architekt beschäftigt John dort. Laura besichtigt derweil die Stadt und lernt zwei ältere Frauen kennen. Zwei männliche Zwillinge in Frauenkleider eher. Eine/r davon hat Visionen über Lauras verstorbene Tochter, und scheint auch ansonsten noch mehr zu wissen… Laura, die den Verlust immer noch nicht überwunden hat, spricht sofort darauf an und beginnt überall in der Stadt nach Christine zu suchen. John dagegen verweigert sich der Trauer vollends und hält seine Frau für verrückt und ist weitgehend zuerst mit seinem Restaurationsprojekt beschäftigt und reagiert

sehr wütend auf Lauras Vorhaben. Später aber ist er sich dessen, in der Stadt Venedig mit ihren vielen versteckten Winkeln und der bedrückend aufgeladenen und düsteren Stimmung, nicht mehr so sicher. So sieht John Laura auf einer trauertragenden Gondel und versteht nicht, dass er womöglich in eine mögliche Zukunft sieht. Bald schon verwandelt sich die ursprünglich geplante gemeinsame Zeit in einen nicht enden wollenden Albtraum. Werden sie ihre Christine letztendlich wiederfinden oder wenigstens ihre

Vergessen war gestern, wir sprechen darüber!

Ehe retten können oder wohin führt uns dies Reise?

Es geht hier weniger um die Frage, ob die Tochter auftauchen wird oder nicht. Ebenso wenig um das Lösen eines Rätsels oder gar ein überirdisches Wesen oder dass Christine wiederauferstanden ist. Kaum ein anderer Film bietet dergleichen viele unterschiedlichste Interpretationsmöglichkeiten, was jetzt genau die Visionen Johns über eine drohende Gefahr angehen. Immer wieder nimmt er in mehreren Szenen ein kleines Mädchen in auffälliger roter Kapuzenjacke wahr. Genauso war Johns Tochter Christine gekleidet, als sie indirekt vor den eigenen Augen tödlich ertrank. Versucht die tote Tochter über Johns Visionen ihn zu warnen? Oder ist es dieser Serienkiller, welcher bereits dringlich von der Venediger Polizei gesucht wird? Und letztendlich einem potentiellen zukünftigen Opfer nachstellt? Und was hat es mit diesen

sehr seltsamen beiden Zwillingen und deren Visionen auf sich?

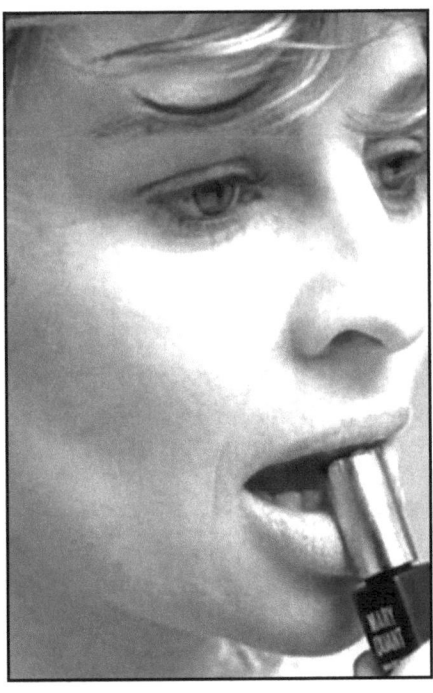

Vielleicht sind es dann auch keine Visionen, sondern lediglich Zufälle und Johns unverarbeitete Trauerarbeit aufgrund der Tatsache, dass er seiner verstorbenen Tochter nicht helfen konnte. Solche und viele weitere Fragen werfen sich erst im Verlauf des Films und einige erst nach dem Finale am Ende auf. Und bleiben auch nach mehreren Sichten jedem selbst offenen Spielraum für Interpretationen überlassen. Genau das macht diesen Film auch so besonders und einzigartig.

Wenige Filme bzw. Storylines bieten dermaßen viel Raum an Reflexion und Erklärungsdiversitäten. Es liegt nahe, dass es nicht die eine Wahrheit gibt, daher gibt dieser Film auch so viel her als nur ein kurzer Schrecken oder Horror. Die stark beängstigende und verstörende Stimmung durch eindrucksvolle Kulissenbilder und die scheinbar labyrinthartige und durchweg stark beklemmende Atmosphäre wird durch die Filmmusik noch gesteigert an Dramatik. Und doch sind es auch die Kleinigkeiten, die einem erst nach mehrmaligem Sehen auffallen und dann auch Sinn ergeben.

Wir haben es hier mit einem erstklassigen Horror/ Psychothriller zu tun, der seines gleichen sucht. In Bezug auf die Storyline, sehr gut durchdachtes Konzept, das viele überraschende Elemente und durchweg viel Nervenkitzel und Spannung bietet, aber ebenso die Schauspieler geben hier alles. Die drohende Gefahr hängt wie ein Damoklesschwert über der gesamten Handlung. Eher was für Hartgesottene aber absolut Top-Film und ein Meisterwerk aus diesem Genre.

WENN DIE GONDELN TRAUER TRAGEN

VON STEFAN BÖSE

NIGHT ANGEL – DIE HURE DES SATANS (1990)

Seit Menschengedenken gilt sie als Hure des Teufels. Lilith, Verführerin und Zerstörerin der Menschheit. Brave Männer und Frauen geraten in ihren Bann, verlieren zuerst ihr Herz, später ihr Leben. Sie wandelt durch die Jahrhunderte, zerstört Existenzen und verbreitet die Saat der Unzufriedenheit. Ihr Körper verspricht den Himmel auf Erden, doch ist man ihr hörig, landet man in der Hölle. Aus Staub verwandelt sich die häßliche, satanische Kreatur in eine atemberaubend schöne Frau. Die Mitarbeiter der Modezeitschrift "Siren" sind von ihr fasziniert. Bald tanzt der ganze Verlag nach ihrer Pfeife. Die sich mit ihr einlassen, werden in einem ekstatischen Blutrausch hingerichtet. Nur die süße Kristie und ihr Freund halten Distanz. Und gerade auf sie hat Lilith es von Anfang an abgesehen.

Ich bin ja bekannt dafür, das ich mir gerne ONLY VHS Kandidaten vornehme. Wie früher in der Videothek, nehme ich mir das Cover vor, schaue auch mal auf die Rückseite, lese mir kurz die Filmbeschreibung durch und schon wandert der Film in den Einkaufswagen. Zugegeben heute eher virtuell als offline im Handel, viele Möglichkeiten noch an solche Filme heranzukommen gibt es ja nicht mehr, außer den Film-Retro-Shop, den ich nur wärmstens empfehlen kann.

So wanderte auch NIGHT ANGEL – DIE HURE DES SATANS in den Einkaufswagen. Wie sich später herausstellte, ein ONLY VHS Kandidat und noch dazu ein sehenswerter!
Dämonin erobert die Modebranche – der blanke Horror?

In NIGHT ANGEL geht es um die Dämonin Lillith die angeblich die erste Frau Adams sein soll. In der heutigen Zeit angekommen, nimmt sie sich zur Aufgabe beim Modemagazin SIREN die Modewelt ordentlich aufzumischen. Doch da wäre die noch die farbige Taxifahrerin die in ihrer Freizeit auch noch eine Voodoo-Priesterin ist. Ein übler Kampf zwischen Gut und Böse ist entfacht.

Der Schweizer Regisseur Dominique Othenin-Girard inszenierte 1990 diesen abstruden Mix aus Horror, Erotik mit einem Touch Trash. Ein Jahr zuvor drehte Othenin-Gerard den fünften Teil der Michael Myers Halloween Filmreihe. Zu seinen weiteren Werken in seiner Laufbahn tauchen noch Titel wie OMEN IV – DAS ERWACHEN (1991), MASKE DES WAHNSINNS (1985) und VEGAS HEAT (1995) auf.

NIGHT ANGEL besitzt keine 08/15 Story und kann mit nur kaum spürbaren Längen im Plot aufwerten. Mit der Nutzung von tollen optischen Licht und Schatteneffekten wird eine düstere und beklemmende Atmosphäre geschaffen. Die Mischung aus der schillernden Modewelt und des Horrors in Form von Licht, Schatten und aufwendigen Kostümen schafft ein Setting das man so kaum aus anderen Filmen kennt. Schräge Figuren, Monster, krasse Outfits, Kostüme und die Frisuren und Trends der Modewelt Anfang der 90er tun ihr übriges.

Ein weiterer Pluspunkt sind die vielen blutigen Effekte. Der Rote Lebenssaft wird hier ordentlich vergossen und verteilt. Viel Gore wird dem aufmerksamen Zuschauer geboten, dazu noch viel nackte Haut und aufreizende Einstellungen der Kamera. Die schönen Monsterkostüme stammen aus der Hand des Effektkünstlers Steve Johnson, der schon in RETURN OF THE LIVING DEAD 3 sein Können, Talent unter Beweis stellte. Ein Effektspektakel erster Sahne!

In der Rolle der Dämonin Lillith ist die deutsche Schauspielerin Isa Jank zu sehen. Die heute 65 jährige ist immer noch aktiv im Filmgeschäft, doch eher im heimatlichen Produktionen. Sie war auch in AIRWOLF und CHEERS, zwei erfolgreiche US-Amerikanischen TV-Serien in jeweils einer Rolle zu sehen.

NIGHT ANGEL ist spannend, ein Fest für die Augen und schreitet mit einer flotten und interessanten Story zum Finale des Films. Schade das es diesen Film in Deutschland bislang nur auf VHS gibt. Noch dazu in einer leicht gekürzten Fassung. Auf jeden Fall ist der Film ein kleiner Geheimtipp von mir und sollte in keiner guten ONLY VHS Sammlung / Horrorsammlung fehlen!

Vergessen war gestern, wir sprechen darüber!

CAGE FIGHTER (1989)

VON STEFAN BÖSE

Bei einer Schlägerei werden zwielichtige Boxpromoter auf den Vietnam-Kämpfer Billy aufmerksam. Er streckt gleich acht Gegner aufeinmal nieder. Um seinem Freund und Lebensretter Scott aus dessen finanziellen Schwierigkeiten zu helfen, überreden sie BILLY als Cage Fighter zu kämpfen.

„Cage Fighter" - der Name ist hier nicht nur Schall und Rauch - nein, es steckt sogar noch viel mehr dahinter. Diesen Film kann man nicht nur als B - Action Movie einordnen, man kann ihm auch ein wenig Drama anhängen. Regisseur von „Cage Fighter" war Lang Elliott, der auch die spätere Fortsetzung drehte und diese (laut Gerüchten) heftig in den Sand setzte. Dazu kann ich nichts sagen, denn ich habe den zweiten Teil nicht in meiner Sammlung. Mehr bietet die Filmographie von Elliott auch nicht, bis auf einen Kurzfilm.

Anders sieht es da bei den Schauspie-lern

aus: In den Hauptrollen sind Reb Brown und Lou Ferrigno zu sehen. Brown kennt man aus weiteren unzähligen B – Movies im Action Genre, sei es „Space Mutiny", „Einer gegen das Imperium" oder „Cobra Force". Die Filmkarriere Ferrigno´s verlief nicht so rosig, bis auf den bekannten „Hulk" konnte er außer ein paar Serienauftritten kaum etwas vorweisen. Dennoch muss man ihm zugestehen, das er in „Cage Fighter" eine klasse Rolle ablieferte. Denn einen geistig zurückgebliebenen zu spielen, ist für einen Schauspieler eine große Herausforderung. In weiteren Rollen ist auch ein sehr bekanntes Gesicht zu entdecken: Die Rede ist von Al Leong. Dessen markantes Gesicht erkannte man sofort wieder! Man sah es auch in „Stirb Langsam", „Action Jackson" und zig weitere namhafte Titel. Und wer noch genau hinschaut, der wird Danny Trejo im Hintergrund des öfteren entdecken, er spielte einen Bodyguard, wird aber nicht in den Credits aufgeführt.

B – Movie. Die späteren Kämpfe sind teilweise etwas unchoreographiert, passen aber stimmig zum Thema der illegalen Kämpfe in einem Käfig. Hier und da ein wenig Blut, nicht zu wenig und nicht zu viel - die Dosierung ist gut gelungen.

„Cage Fighter" bietet aber mehr als nur simple Fights im Käfig, hier geht es auch viel um Freundschaft. Eine tiefe Freundschaft, dass man sich für seinen Freund aufopfert, egal worum es geht. Hinzu kommen noch die schmerzhaften Erfahrungen von Verlusten der Personen, die einem ans Herz gewachsen sind. Dies ist eher der Dramatische Teil des Films, was aber nicht die meiste Spielzeit einnimmt. Die Action, sei es die Anfangssequenz die in Vietnam spielt, ist sehr ansehnlich und ansprechend für einen

An manchen Stellen kommt ein wenig Humor zum Vorschein, sei es in Dialogen oder auch in Szenen. Manchmal muss man schon etwas Durchhaltevermögen haben, wenn man Bilder nach dem Krieg in einer Reha sieht und dazu einen völlig unpassenden Song. Aber nun gut - das man da ins Schmunzeln gerät, war vielleicht auch gezielt Absicht der Filmemacher! Die Story in „Cage Fighter" ähnelt zwar sehr vielen anderen Streifen aus der Kategorie, aber einen guten Unterhaltungswert bietet der Streifen allemal. Hier und da gibt es ein paar Längen, die aber kaum ins Gewicht fallen. Man hätte vielleicht ein paar Passagen etwas kürzer machen können, aber die gut 100 Minuten Spielzeit vergehen dennoch wie im Fluge.

DIE BLECHPIRATEN (1974)

VON STEFAN BÖSE

Die Blechorgie im Land der unbegrenzten Möglichkeiten beginnt damit, daß dem zukünftigen Schwiegersohn von Sheriff Gibbs der heißgeliebte Sportwagen geklaut wird. Schon geht das Spektakel los. Los Angeles wird zur Hölle. Ganze Polizeiregimenter nehmen mit Sirenengeheul die Verfolgung auf. Doch die Organisation ist clever. Die Jungs, die nie unversicherte Autos klauen, retten ihren Kumpel schließlich mit einem Helikopter aus der fahrenden Kiste. Mandrian Pace, der Boß der Autoknackerbande, erhält nun einen Großauftrag über 45 exklusive Automobile. 44 gehen glatt über die Bühne, doch das letzte wird zum Problem.

Wer auf wilde Verfolgungsjagden, gepaart mit der Dummheit der Polizei steht, dem möchte ich diesen Film ans Herz legen. Er hat zwar mittlerweile 35 Jahre auf dem Buckel, kann aber mit den heutigen Auto-Action Filmen durchaus mithalten. Parallelen sind definitiv zu erkennen. In den ersten 10 Minuten war ich allerdings sehr skeptisch, was den Regie-Stil angeht. Man hörte, wie sich die Akteure über Autos unterhalten und sieht völlig unpassende Bilder dazu: In diesem Fall konnte man einer Hochzeit beiwohnen, was mich sehr irritierte. Aber als Filmliebhaber bleibt man bei sowas am Ball und zieht es durch. Dies bereute ich auch nicht, war ich doch im Nachhinein sehr überrascht von der Wende und der Handlung, sowie die Umsetzung des Drehbuches. Nachdem ich anfangs den Überblick verlor, kam die nächste Unstimmigkeit: Musik, die überhaupt nicht zur Szene passte. An manchen Stellen war gute Country-Musik zu hören, und an manch anderen Stellen waren es eher Blues-Schnulzenlieder. Aber auch dies änderte sich im späteren Verlauf des Films zum positiven. Vielleicht hatten mehrere Regisseure die Finger im Spiel, wer weiß das schon genau?!

Die Filmversion, die mir vorlag, war die UNCUT-Version. Viele fragen sich, warum ist so ein Film überhaupt geschnitten? Nun, die Frage stellte ich mir auch, denn Blut fließt hier nirgends, und es werden auch keine Gliedmaßen abgehakt. Es rollen auch keine Köpfe durchs Bild. Hauptsächlich wurden Dialoge zwischen einzelnen Szenen herausgeschnitten. Diese sind in der UNCUT Version im Originalton und in einer schlechteren Bildqualität vorhanden. Es fallen keine politischen Äußerungen oder Diskriminierungen, was sonst in dieser Zeit üblich war, also bleibt die Frage "Wieso geschnitten?" für mich immer noch unbeantwortet.

Vergessen war gestern, wir sprechen darüber!

Der Film wurde 1974 gedreht. Man kann also der Hippiezeit fronen: Mega-Kotletten, Schlaghosen und Riesen-Krawatten, die auch als Lätzchen hätten dienen können! Bei den Nachtszenen im Film kann man so gut wie gar nichts erkennen, lediglich die Scheinwerfer der Autos, oder ab und an mal eine Straßenlaterne lassen das Bild erhellen. Erst wo eine Tankstelle am Anfang auftaucht, ahnt man, wo die Autos hinfahren. Im späteren Verlauf des Films tauchen keine Nachtszenen mehr auf. Vielleicht haben die Filmleute gemerkt, dass aufgrund der damaligen Technik solche Aufnahmen schwer zu drehen sind. Die erste Stunde des Film zieht sich etwas hin, aber dann geht die Riesen Jagd los: Haufenweise Polizeiautos, mega viel Staub und Unfälle ohne Ende (oft aus Dummheit) sind zu sehen. Auf einer Riesenfläche stoßen zwei Autos der hiesigen Polizei zusammen, als ob es Absicht gewesen ist!

Dieser Film ist das Original vom Remake "Nur noch 60 Sekunden" mit Nicolas Cage und Angelina Jolie. Aber wenn man bedenkt, dass sie in den 70er Jahren nur begrenzte Möglichkeiten hatten (wie z.B. Technik und Budget), dann schlägt das Original das Remake um Längen. Pure Auto-Action mit viel Krach und manchmal flachen, unnötigen Sprüchen der Darsteller, bescheren dem Zuschauer einen 90 Minuten andauernden puren Filmgenuss.

Wer auf Auto-Action steht und sich gerne Originale anschaut, dem kann ich diesen Film nur empfehlen. Selbst die Cut-Version ist ein Filmgenuss! Den Film kann man auf VHS und DVD bekommen und hat eine FSK16 Freigabe.

KINO EINE SENSATION – AUF VIDEO EIN KNÜLLER
...saftig...fruchtig...matschig...tödlich...

DIE VIDEOPREMIERE

...hemmungslos...brutal...sadistisch...

Virgin VIDEO

CL/VIRGIN COMMUNICATIONS GMBH, MARTIN-KOLLAR-STR. 1, 8 MÜNCHEN 82, TEL. 089 – 42008-0

Im kalifornischen "Avocado-Dschungel" lebt der Stamm der "Piranha"-Frauen, die ihre Männer nach dem Sex verspeisen. Da die gefährlichen Amazonen immer größere Teile des Dschungels für sich beanspruchen, wird es für die hiesigen Avocado-Pflücker immer gefährlicher den Wald zu betreten. Als dann auch noch die extrem-feministische Schriftstellerin Dr. Francine Kurtz auf einer Expedition im Dschungel spurlos verschwindet, greift die Regierung ein und entsendet die Uni-Professorin Dr. Margo Hunt, die den militanten Stamm zur Umsiedlung überreden soll.

„Kannibalinnen im Dschungel des Todes", oder sollte ich besser „Kannibalinnen im Avocado – Dschungel" sagen? Ganz gleich welchen Titel ich auch für diesen Streifen nehme, dies ändert nichts an der Sichtungsweise, was er hergeben mag - und kann. Man sollte gleich sagen: Wer mit Filmen wie „Angriff der Killertomaten" nichts anfangen kann, sollte hier gar nicht erst weiterlesen, geschweige sich den Streifen anzuschauen! Man muss schon einen Hauch von Trash, dumpfen, sinnlosen Dialogen und billigen Dingen mögen, ansonsten wird einem der Filmgeschmack ruiniert.

Als ich mir das erste Mal die Filmbeschreibung durchlas, dachte ich, uiiii… cool, ein WIP – Streifen als Komödie, das wär doch mal was! Er erinnerte mich ein wenig an die Troma – Filme, aber das war es auch leider schon. „Kannibalinnen im Dschungel des Todes" ist eher ein C – Movie, kurz vor der Stufe zum Erreichen des Status eines B – Movies. Die Story ist mehr als mau, wenn man überhaupt von einer Story reden kann. Ein Handlungsstrang ist zwar vorhanden, aber die Geschehnisse werden nur lieblos aneinander gereiht, um irgendwie die Spielzeit von knapp 85 Minuten zu füllen.

Wer sich auf diesen Film einlässt, der wird ein paar bekannte Gesichter erblicken. Bill Maher, der uns hier eine Mischung aus Trottel und „Indiana Jones" abliefert, sah man auch im Film „Die Chaotenclique" (1983) zusammen mit Mister T. Auch in diversen Serien hatte er Auftritte, wie z.B. in „V.I.P." mit Pamela Anderson, „Eine schrecklich nette Familie" und „Mord ist ihr Hobby". Zumeist aber nur in einer Episode, und er spielte sich oft selbst. In weiteren Rollen in diesem Kannibalinnen - Streifen sind Shannon Tweed und Adrienne Barbeau zu sehen. Tweed beweist uns, das sie auch Komödien spielen kann. Ansonsten war sie ja in „Schlappe Bullen beißen nicht" (1987) und „Codename Hellfire" (1989) zu sehen. In diesem Streifen durfte sie eine Professorin spielen, die auch später mal ins Kannibalinnen - Outfit schlüpfen darf. Die Schauspielerin Barbeau erkennen die meisten an ihrer schwarzen Lockenpracht. Wer den Streifen „Auf dem Highway ist die Hölle los" aus dem Jahr 1981 gesehen hat, wird sie als Lamborghini Babe wiedererkennen. Aber auch Rollen in „The Fog – Nebel des Grauens (1980) und „Das Ding aus dem Sumpf" (1982) zählen zu ihrer Filmkarriere.

In „Kannibalinnen im Dschungel des Todes" ist Unfug Programm, und das fängt schon bei der Story an, die Avocado Bestände sind gering, und die amerikanische Regierung muss handeln und nachforschen, woran es liegen könnte. Auch das es im Dschungel einen Stamm von Frauen geben soll, die ihre Männer nach dem Sex verspeisen, birgt Neugier und Gefahren. Im Gegenzug gibt es einen reinen Männerstamm, die sich mit Stricken die Zeit vertreiben! Auch sind die Sets einfach gehalten und bestehen zumeist nur aus ein paar Pflanzen und einfachen Hütten. Lediglich das Anwesen des Frauenstamms bewirkt ein Interesse und sieht sehr ansehnlich aus. Es erinnert ein wenig an andere Kannibalenfilme aus der Vergangenheit. Die ersten Minuten versprechen eine amüsante und heisse Story mit ihren Akteuren. Dem Zuschauer wird hier gleich eine kleine blutige Szene geboten, die mit nackten Frauen und Brüsten im Bild abgerundet wird, jedoch erweckt dies nur falsche Erwartungen, denn so frivol geht es im Rest des Streifens nicht von statten. Zwar sind später noch mehr Frauen in kurzen Klamotten zu sehen, doch bleibt es aus, das man einen Schmuddelfilm a´la 70er Jahre zu sehen bekommt. Da sieht man in anderen Produktionen mehr Haut und Busch!

Hinzu kommen die platten und sinn-freien Dialoge, die eine humorvollere deutsche Synchronisation den Platz gewährten sollten, dies aber durch seichte Kommentare nur bedingt funktioniert. Auch wird ziemlich spitzzüngig in Andeutungen gespro-chen, so dass man beim ersten Mal schauen nicht alles gleich verste-hen wird - dies fördert nicht gerade den Unterhaltungswert. Der Humor wandert auf einem gefährlichen Ast: Entweder man versteht ihn und kann ihn genießen, oder er wirkt zu abstrakt und man verliert schnell die Lust am Film. Für Trash Fans kann ich ihn nur bedingt empfehlen, da auch diese ein gewisses Niveau ha-ben und dies auch behalten sollten.

„Kannibalinnen im Dschungel des Todes" gibt es auf VHS, DVD und Blu-ray und ist ab FSK 16 freige-geben. Dies dürfte an den nackten

Brüsten und der einen Gewaltszene liegen, denn der Rest geht locker für FSK 12 durch. Wer eine Art „WIP Film" mit brisanten Humor und einer flachen, müden Story etwas abgewinnen kann, sollte sich diesen Streifen ruhig zulegen. Übrigens habe ich den Film noch nie im Fern-sehen erspähen können!

unter www.film-retro-shop.de
Handy/WhatsApp 01511493549
WIR KAUFEN EURE VHS AN !
email: hendrik@film-retro-shop.de

BE KIND REWIND

$1.00 CHARGE IF NOT REWOUND

Retro Samstag an je-
dem ersten Samstag im
Monat 14-18 Uhr
Lübbecker Str. 206a,
325854 Löhne

SAM WHISKEY (1969)

Don
mix
with
"SA
WHIS

IT'S
RISKY!

Als smarter Auftragscowboy macht Sam Whiskey seinem Namen nicht nur in Salons alle Ehre. Als er von der Gouverneurswitwe Laura einen ungewöhnlich lukrativen Auftrag erhält, staunt jedoch selbst ein gerissenes Schlitzohr wie er nicht schlecht: Wie kann man mit ein paar Männern eine gestohlene Ladung Goldbarren vom Grund des Flusses zurück ins örtliche Münzamt schmuggeln? Und das alles, bevor der ursprünglich von Lauras Ehemann begangene Diebstahl auffliegt?

Mit "Sam Whiskey" aus dem Jahr 1969 schuf Regisseur Arnold Laven eine bunte Western-Komödie mit Star-Besetzung. Laven, vorrangig im TV-Serien Genre beheimatet, drehte auch ein paar Filme in Spielfilm-Länge. Zu seinen bekanntesten Werken zählen Filme wie "Als Jim Dolan kam" (1967) und "Die Glorreichen Reiter" (1965). Für viele TV-Serien war er für einzelne Episoden als Regisseur tätig. Dazu zählen unter anderem "Fantasy Island", "Das A-Team" und "Trio mit vier Fäusten", um nur mal die bekanntesten und erfolgreichsten beim Titel zu nennen.

Viele Zuschauer, und auch Burt Reynolds sagten einmal, das er oft nur die falschen Filme und Rollen angeboten bekam. Dieser Aussage möchte ich widersprechen: In meinen Augen hat er genau die richtigen gedreht. Man denke da nur an "Boogie Nights" (1997), "Auf dem Highway ist die Hölle los" (1981) und "Beim Sterben ist jeder der erste" (1972). Seine Film-Anfänge waren noch ohne seinen legendären Schnauz-Bart.

In "Sam Whiskey" schlüpft Burt Reynolds in die Rolle des Gauners Sam Whiskey. Für Geld erledigt er besondere Aufträge diverser Kunden und kann auf eine abwechslungsreiche Karriere zurückblicken. Nun aber gerät er an eine Witwe, die ihm einen vielversprechenden Auftrag vermittelt: Er soll bei einem gesunkenen Schiff das geladene Gold bergen und zu ihr bringen - natürlich für einen gerechten Anteil an der Beute.

In die Rolle der Witwe schlüpfte Angie Dickinson, eine blonde, recht attraktive Schauspielerin. Auch sie kann, wie Reynolds, auf eine lange und aufregende Film-Laufbahn zurückblicken. "Mohn ist auch eine Blume" (1966), "Dressed to Kill"

(1980) und "Big Bad Mama" (1987) sind sehr interessante und zu empfehlende Filme mit ihr.

"Sam Whiskey" bietet eine interessante und zugleich humorvolle Geschichte, verlegt in den Wilden Westen. Der Film wartet mit aufwendig und schön gestalteten Sets und Kostümen in einer noch unberührt wirkenden Landschaft auf. In einem flotten Tempo mit feinfühligem Humor schreitet die Geschichte voran. Lediglich im letzten Teil des Films verlangsamt sich das Tempo und der Humor wandert teils in Slapstick über. Auch wenn manche Handlungsszenen etwas unglaubwürdig erscheinen, so verschaffen sie einen guten und konstanten Unterhaltungswert.

"Sam Whiskey" bietet viele Raufereien, Schlägereien und Schie-ßereien. Interessanter Aspekt ist noch, das hier die Gauner nicht in eine Bank einbrechen um etwas zu stehlen, sondern um etwas zurück zu bringen. Ehrlichkeit währt am Längsten: Ich habe diesen Film als Blu-ray in meinem Besitz. Diese bietet ein sehr gutes Bild - leicht körnig - was stimmig zum Film passt. Der Ton ist sauber und klar, keine Verzerrungen oder dergleichen zu be-merken. Zudem war "Sam Whiskey" noch nicht einmal auf VHS in Deutschland erschienen. Für Westernkomödien - Fans und Anhänger von Schnauzbärten a´la Burt Reynolds - Pflichtkauf!

VON STEFAN BÖSE

VON KRISTIJAN SKROBO

SKROBOCOP.D

UNIVERSAL
SOLDIER

Vietnam 1969: Weil Sergeant Andrew Scott (Dolph Lundgren) total durch-dreht und Unschuldige erschießt kommt es zwischen ihm und dem Sol-daten Luc Deveraux (Jean-Claude Van Damme) zu einer heftigen Ausein-andersetzung. Infolgedessen erschießen sie sich gegenseitig und werden von einem streng geheimen Militärkommando "auf Eis gelegt".
USA 1991: Die beiden Soldaten wurden zusammen mit einigen anderen Gefallenen wiederbelebt und bilden nun die Spezialeinheit "Universal Soldiers". Mit erschreckender Präzision erfüllen sie Aufträge ohne jegliches Gewissen oder Emotionen. Doch dann beginnen Scott und Deveraux sich an ihr früheres Leben zu erinnern. Scott ist erneut in dem Glauben nur von Verrätern umgeben zu sein und beginnt den Vietnamkrieg für sich zu wie-derholen. Der gutgesinnte Deveraux ist der letzte der ihn stoppen kann...

Vergessen war gestern, wir sprechen darüber!

Keiner der Beteiligten hätte sich wohl gedacht dass dieser Film, 2 günstige TV Sequels und noch 3 weitere Filme mit Van Damme nach sich ziehen würde.

Das ganze Franchise hätte es aber nicht ohne diesen Film gegeben (mal wieder ein Klassiker der von Carolco produziert wurde / Immer ein wohliges Gefühl das Logo von Carolco oder Cannon zu Beginn eines Filmes zu sehen), der auch wichtiger Film. Van Damme zeigte dass er auch in größeren Produktionen als sympathischer Lead ziehen kann (was später zu Timecop und seinem Vertrag mit Universal führte) und Lundgren bewies das er schauspielerisch doch mehr draufhatte als von vielen gedacht. War er zwar bei Rocky 4 schon der Antagonist, aber eher stoischer Natur, darf er hier frei und wild aufspielen und macht das mehr als ordentlich.

die Karriere von Roland Emmerich einen ordentlichen Schub gegeben hat und auch zeigte das er mit größerem Budget (als im Vergleich: Moon 44) umgehen kann. Universal Soldier führte ihn zu Stargate, Stargate schließlich zu Independence Day.

Auch für die beiden Hauptdarsteller und Actionlegenden: Van Damme und Lundgren war das ein eminent

Auch wenn die Story natürlich deutliche Anleihen an Terminator und auch Robocop hat, ist sie doch eigenständig genug um nicht als billiger Abklatsch daherzukommen. Ist Van Damme vs. Lundgren zwar das Verkaufsargument für den Film, dann ist die Beziehung zwischen Van Dammes Charakter und der von Ally Walker verkörperten Reporterin doch das emotionale

Herz des Films. Die Chemie stimmt zwischen beiden und in den häufig lustigen Szenen zwischen ihnen, wird der Film nicht nur aufgelockert sondern es wird eine Sympathie für die Rollen geschaffen die die Leute doch mehr mit den Charakteren mitfiebern lässt, als in einem typischen Genre Beitrag.

Die Szene als er nackt auf den Parkplatz läuft, sie ihm den Peilsender entfernen soll, er durch die Wände stürmt oder die Szene im Restaurant zeigten auch zum ersten Mal das Van Damme auch in der Lage ist ein gewisses komisches Talent an den Tag zu legen.

Neben Dolph und Van Dammi sind auch die anderen Unisols gut besetzt. Voran geht da Ralf Möller der mit der Handgranaten und der „rohes Fleisch" Szene, einige gute Sequenzen spendiert bekam.

Dazu kommen mit Tom „Tiny" Lister, Simon Rhee (legendärer Stuntcoordinator) und Eric Norris (ja der Sohn von Chuck Norris) Bekannte des Genres.

Loben muss man hier auch die Arbeit von Ed O'Ross und Leon Rippy die beiden ihre Wandlungsfähigkeit unter Beweis stellten. Die beiden überzeugen auf ganzer Linie und schlüpfen quasi in ihre Rollen. Für mich war Ed O'Ross zuvor nämlich immer Victor Rosta aus Red Heat und Leon Rippy der eher schmierige, zwielichtige Typ. Gene Davis, der Adjutant von Ed O'Ross spielte übrigens in 10 to Midnight (dem Bronson Klassiker) den irren nackten Killer. Nicht vergessen darf man das auch Jerry Orbach (Law & Order und Dirty Dancing) einen Auftritt im Film hat.

Ich konnte mich auch kaum noch daran erinnern wie viele bekannte

Namen in zum Teil Minirollen vorkamen. Michael Jai White ist z.B. ganz kurz zu Beginn des Films zu sehen, aber man muss schon genau aufpassen. Er wurde ja zum Bösewicht in Universal Soldier The Return. Auch Kamel Krifa (Geballte Ladung) und Voyo Goric (Rambo 2) Bekannte und Freunde von Van Damme, sogar sein Sohn Kris Van Damme (als junger Luc) bekommen kurze Auftritte spendiert. Es heißt also immer die Augen aufzuhalten.

Ein genialer Kniff der Produzenten und von Emmerich war Vic Armstrong als Second Unit und Stunt Koordinator zu verpflichten. Als einer der besten seines Fachs zeigt er hier einmal mehr wie grandiose Action inszeniert werden kann. Der Film hat nicht nur tolle Nahkämpfe zu bieten, auch die Sequenz am Damm und die Sequenz mit dem Gefangenentransport ist mehr als gelungen. Kein CGI im Einsatz, noch schön handgemacht. Brachial und toll gefilmt, so sollte Big Blockbuster Action aussehen!

Auch ist der Härtegrad des Films nicht zu unterschätzen, vor allem zu Beginn hagelt es Kopfschüsse wie 3er bei den Golden State Warriors. Auch danach lässt der Film kaum nach und auch das Ableben von Dolph ist ein legendärer Abgang eines Bösewichts.

CAR-NAPPING - BESTELLT, GEKLAUT, GELIEFERT (1980)

Immer auf der Suche nach (fast) vergessenen Filmen, stieß ich auf „Car-Napping – Bestellt, geklaut, geliefert" aus dem Jahr 1980. Noch dazu handelte es sich um eine deutsche Produktion. Nachdem ich den Trailer auf YouTube sah, musste die DVD in die heimische Sammlung, um dieses Kleinod wieder ins Gedächtnis zu rücken.

Verantwortlicher Regisseur war Wigbert Wicker, der 1973 mit der Dokumentation „Libero" über Franz Beckenbauer bekannt wurde. In seiner späteren Laufbahn drehte er noch „Didi auf vollen Touren" aus dem Jahr 1986. Des Weiteren war er noch an einigen TV-Serien wie „Derrick", „Ein Bayer auf Rügen" und „Der Bulle von Tölz" beteiligt.

Betrachtet man die Film-Beschreibung des Films, so kommen dem Zuschauer sofort zwei Filme in den Kopf: „Die

Blechpiraten" aus dem Jahr 1974 und „Nur noch 60 Sekunden" aus dem Jahr 2000 mit Nicolas Cage in der Hauptrolle. Ähnlich ist auch in „Car-Napping" der Verlauf und Aufbau der Story, jedoch aus eigenen Landen und mit deutschen Schauspielern. Dennoch bekommt man hier nicht nur deutsche Luxus-Karossen vor die Nase, sondern wie bei den anderen Vertretern allerhand teures und interessantes Blech auf dem Silbertablett serviert.

„Car-Napping" soll laut diversen Gerüchten auf einer wahren Begebenheit beruhen! Inwieweit der Film der Wahrheit entspricht, ist nicht belegt. Das reale Vorbild, ein Designer-turned-Autoklauer namens Harry König, stand dem Streifen als „Fachberater" zur Verfügung.

Verglichen mit den anderen Produktionen, wirkt „Car-Napping" sehr bieder und zurückhaltend. Das Erzähltempo ist recht stumpf und wirkt hölzern. Schauspielerisch betrachtet, wirken die Dialoge ebenfalls recht einfallslos und stumpfsinnig – hier wäre sicherlich mehr Potenzial angedacht gewesen, zudem nervt der wirr klingende Soundtrack in den Ohren, nachdem man ihn zum X-ten Male vernommen hat. Die Produzenten wollten eine Action-Komödie kreieren, doch leider verpuffen viele Pointen durch die Nach-Synchronisation und verlieren somit vollends ihre Wirkung.

Selbst die Produzenten waren der Ansicht, das der Film eine kleine Katastrophe ist und nicht mal ansatzweise sein Potenzial ausschöpft. Dies kann man gut im Bonusmaterial der DVD erkennen, da die Produzenten den Regisseur nicht als solchen bezeichneten, sondern als „Oberspielleiter".

Punkten kann der Film vor allem mit den etlichen Luxus-Karossen, die man vor die Linse bekommt: Sei es ein Porsche, oder auch der Mercedes-Sportwagen „CW311" mit seinen markanten Flügeltüren, der allerdings nie in Serie ging. Diese zwei Exponate sind nur einige von vielen, die laufend durchs Bild rasen, oder auf einem öffentlichen Parkplatz abgestellt wurden. Hier leisteten die Kamera-Männer gute Arbeit und fingen diese Einstellungen sehr stimmig ein und bannten sie auf Film-Material.

Doch retten können sie den Film leider nicht und somit bleibt nur zu sagen: Ein mutiger, interessanter Versuch aus deutschen Landen, aber weit hinter seinen Möglichkeiten! Lediglich für Auto-Freaks der 80er ein kleines Schmankerl.

HOCHZEITSNACHT IM GEISTERSCHLOSS (1986)

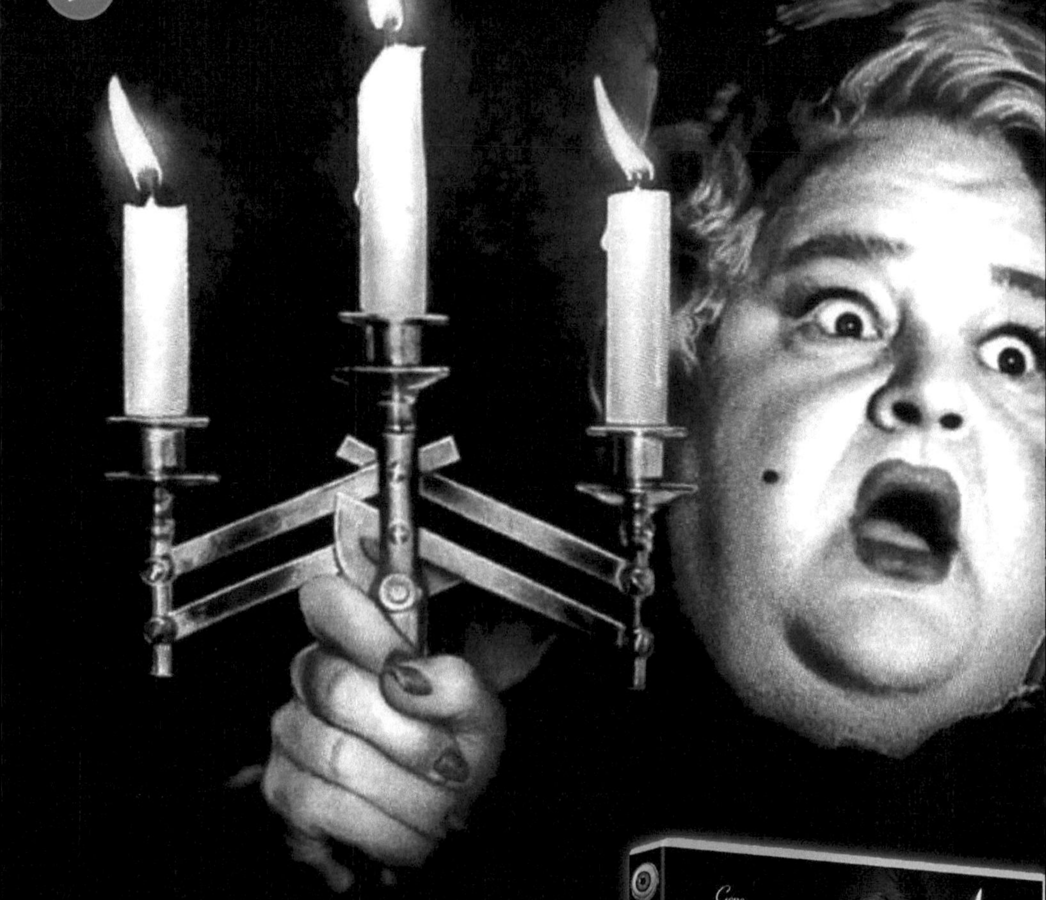

Radiosprecher Larry Abbott leidet an Horror-Psychose. Selbst harmlose Studio-Gruselgeräusche lassen ihn bis ins Mark erzittern. Da hilft nur eins: eine Radikalkur. Larry soll die Hochzeitsfeier mit seiner frisch angetrauten Kollegin Vicky im Geisterschloß von Tante Kate verbringen - und dabei von der Verwandschaft ordentlich erschreckt werden. Was der Hochzeiter allerdings nicht weiß, ist, daß Tantchen ihm das beträchtliche Vermögen vermacht hat. Sollte Larry allerdings vor ihr sterben, erbt die hochverschuldete Verwandschaft. Kein Wunder also, daß die Leiche, die Larry in seinem Bett findet, nicht aus Gummi ist...

Vergessen war gestern, wir sprechen darüber!

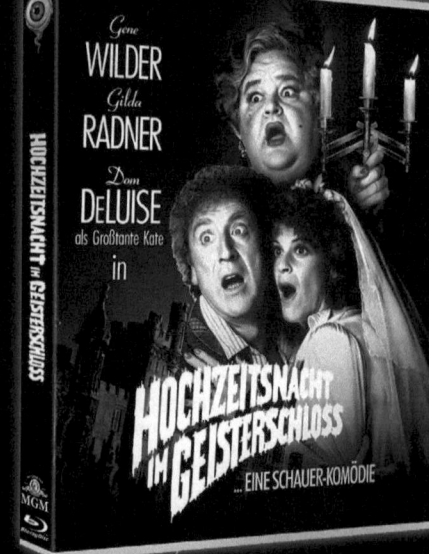

VON STEFAN BÖSE

Mit seiner fünften Regie-Arbeit „Hochzeitsnacht im Geisterschloss" schuf Gene Wilder einen Mix aus Horror und Komödie, vereint mit Thriller-Elementen in Anlehnung an die Film-Welt der 30er und 40er Jah- der „Cannonball" - Reihe als Captain Chaos kennen. Aber auch seine Auftritte in Filmen wie „Trabbi goes to Hollywood" (1991), oder „Das Schweigen der Hammel" (1994) zählen zu seinen erfolgreichsten Produktionen.

re. Gene Wilder, der 2016 im Alter von 83 Jahren an Alzheimer starb, war hier für das Skript, die Regie und das Drehbuch verantwortlich. Zudem übernahm er auch zusammen mit seiner Frau Gilda Radner eine der Hauptrollen, in der sie seine Verlobte spielte. Zwei Jahre zuvor, 1984, spielte Radner die Rolle der Mrs. Mildner in „Die Frau in Rot", ebenfalls ein Film unter der Regie von Wilder. Sie verstarb 1989 an einem Krebsleiden.

In einer weiteren Rolle, bzw. Doppelrolle, ist Komiker Dom DeLuise zu sehen. Ihn dürften die meisten aus

Die 80er Jahre waren eher geprägt von Serienkillern mit Messer oder Machete, doch Wilder konzentrierte sich darauf, das Horror-Genre mit Witz, Charme und Situationskomik aufzuwerten. Dazu gab er eine kleine Prise Krimi-Atmosphäre, die den Zuschauer eher an die 70er Jahre erinnerte. Eine kleine Hommage an „Eine Leiche zum Dessert" (1976) ist deutlich zu erkennen. Imposant sind vor allem das Ambiente und das Set. Vorrangig wurde in den „Elstree Studios" gedreht, wo dem Zuschauer ein umfangreiches, mystisches und schauriges, aber zugleich faszinierendes Setting geboten wurde. Für andere Aufnahmen in der großen Eingangshalle, oder der Platz vor dem Anwesen, wo die Charaktere mit dem Auto anreisten, wurde auf das Knebworth House zurückgegriffen. Es befindet sich im englischen Hertfordshire und liegt ca. 60 Kilometer außerhalb der Studios. Einige Jahre später stand es auch für Tim Burton´s „Batman" zur Verfügung als Wayne Manor. Es beherbergt zahlreiche Dinge wie zum Beispiel kostbare Kunstgegenstände, Ritterrüstungen und allerlei Verzierungen aus Holz bei den Türen, Möbeln und den langen Fluren. Somit war es ein idealer Schauplatz für eine Grusel-Komödie.

Wilder schaffte es durch den Einfall der Schock-Therapie im Film, das der Zuschauer sich oft fragt, was ist echter Spuk und was dient der Therapie? Somit blieb Wilder die Möglichkeit, seine Gags auf unterschiedliche Art und Weise dem Publikum näher zu bringen. Die Interpretation des Hörspiels, was in den 30er und 40er Jahren als Unterhaltung für Familien galt, wo sich noch alle vor dem Radio versammelten und eifrig dem Hörspiel lauschten, ist im Film anlässlich der spielenden Zeitepoche gut ausgearbeitet. Viele solcher Hörspiele waren tatsächlich Live, und mehrere Sprecher, wie z.B. Werbesprecher, befanden sich zeitgleich im Studio. Wilder nutzte dies vor allem als Aufhänger seiner Hauptcharaktere und spielt dem Zuschauer damit etwas mehr Charme und Atmosphäre zu.

Vergessen war gestern, wir sprechen darüber!

Hier stimmt die Chemie zwischen den einzelnen Charakteren und Schauspielern, alle liefern sehr gute Leistungen ab und können in ihren Rollen den Zuschauer überzeugen. Durch das geschickte Einsetzen von Informationshappen, wird die Neugier auf die einzelnen Charaktere geweckt und auch befriedigt. Meiner Meinung nach sticht Dom DeLuise besonders in seiner Doppel-Rolle hervor.

„Hochzeitsnacht im Geisterschloss" lebt von seiner Fülle an Ideen und Gags. Plumpe Ideen wechseln sich geschickt mit Running Gags ab. Vor allem die Butler-Szenen bleiben konstant im Film bestehen und sorgen für allerlei Erheiterung beim Zuschauer. Mithilfe von einfachen Tricks und Spezial-Effekten wurde ebenfalls eine gesunde Mischung im Film getroffen und sorgt für allerlei Belustigung. Der Film war jedoch leider ein Misserfolg an den Kino-Kassen und erreichte erst Jahre später seinen Kultstatus, den er bei seinen Fans aufrechterhält.

Natürlich ist „Hochzeitsnacht im Geisterschloss" kein reiner Horror-Film. Er spielt eher mit den Klischees und begeistert vor allem mit Atmosphäre der Sets und Ausstattung. Der Hang zum Gothischen des Englands der 30er und 40er Jahre fasziniert noch immer. Dazu etwas Krimi-Flair und natürlich allerlei gut funktionierender Humor, ohne in den Klamauk abzudriften. Lediglich zum Ende des Films, wo die Auflösung dem Zuschauer offenbart wird, verliert der Film etwas an Zündstoff und flacht etwas ab. Dennoch bietet er amüsante Unterhaltung auf hohem Niveau und schien dem Zuschauer zu gefallen.

GENE WILDER   Gilda RADNER   Dom DeLUISE

HAUNTED
HONEYMOON
...A COMEDY CHILLER

Nach 31 Jahren auf dem Index ist REFORM SCHOOL GIRLS wieder frei und anlässlich des 35.ten Geburtstag veröffentlichte das Label Wicked-Vision die zynische, satirische Antwort von Regisseur Tom Desimone auf das beliebte WIP (Woman in Prison) Genre erstmals restauriert in HD auf DVD und Blu-ray. Angesichts dieser Geschichte um den Film und das die damalige VHS ungekürzt erschien bevor sie auf den Index landete widmen wir uns mal diesem Streifen und gehen etwas genauer darauf ein.

Regisseur Tom Desimone ist kein Unbekannter Mann hinter der Kamera, vor allem sind seine Filme wie SAVAGE STREETS von 1986 mit Linda Blair in der Hauptrolle und HELL NIGHT von 1981 bei vielen Retro-Fans bekannte Titel. Betrachtet man die Laufbahn des Regisseurs so fällt einen auf das er recht viele Hardcore Produktionen abdrehte und sich schon 1982, vier Jahre vor REFORM SCHOOL GIRLS mit dem Genre WIP auseinander setzte.

Doch handelt es sich bei REFORM SCHOOL GIRLS um einen WIP-Streifen der bekannten Machart? Nein – nicht ganz. Zwar bediente sich Desimone den handelsüblichen Klischees des Genres wie viel nackte Haut und Brüste, Duschszenen, Gewalt von den Wärterinnen gegenüber der Insassinnen, Gewalt innerhalb der Insassinnen – doch schmückte er es mit einem zynischen Touch aus. Eine Art Parodie auf das Genre was vor allem für die männlichen Zuschauer gedacht war. Dies merkt man vor allem an der Teils überzeichneten Darstellung mancher Charaktere. Vor allem bei der fiesen, gut beleibten Wärterin Edna deutlich zu erkennen, doch auch bei der Insassin Charlie Chambliss die mit Edna anscheinend ein sehr intimes Verhältnis pflegt.

Schon nach ein paar Minuten Laufzeit des Films bekommt der Zuschauer das geboten auf was er sich wohl am meisten gefreut hat – viel nackte Haut, nackte Brüste, blanke Hinterteile. Schnell wird das Klischee der Duschszenen befriedigt und der Zuschauer schwebt auf Wolke 7.

VON STEFAN BÖSE

Kurz darauf werden die Augen auf viele leicht bekleidete Damen in einer großen Zelle gelenkt. Sei es das knappe Schwarze oder auch ein Aerobic-Outfit – der Zuschauer bekommt von allem etwas geboten. Die Kameraeinstellungen fangen auch mithilfe von langsamen Schwenks und kurzer Fokussierung viele Details für den Zuschauer ein. Mit kleinen Informationshäppchen bekommt der Zuschauer auch die einzelnen Charaktere des Films näher gebracht und kann recht schnell Gut und Böse unterscheiden und klar erkennen wer hier mit wem ein Spiel treibt.

Die meisten WIP-Filme spielen in einem Straflager, oft außerhalb der Zivilisation, doch Desimone verlegte das Szenario in ein altes Krankenhaus, eine Art Reformschule. Das waren 1830 bis 1900 weit verbreitete Einrichtungen wo straffällige Jugendliche einquartiert wurden um sie sozusagen zu bestrafen und sie auf dem richtigen Weg zu leiten. Die Idee solcher Einrichtungen stammen aus dem Vereinigten Königreich und wurden

auch in ihren vielen Kolonien einge-
setzt. Erst in den späteren Jahren
wurden die Reformschulen umstruk-
turiert und Jugendstrafanstalten aus
ihnen entwickelt. Somit legte Desimone die Geschichte in eine Stadt,
mitten an einer stark befahrenen
Straße, wo die Insassen den Geruch
und den Ruf der Freiheit förmlich um
die Nase gerieben bekommen. Die
Schule erinnert an ein Gewerblich
genutztes Gebäude, wo vor allem
sich die Amerikaner gerne einrichten
und somit eine bezahlbare Unterkunft
besitzen, sozusagen eine LOFT. Ein
großer Raum ohne Wände wo sich
das Leben in einer Wohnung abspielt.
Sehr weit verbreitet in den USA und
auch oft in vielen Serien und Filmen
präsent.

Was den erfahrenen WIP Filme
Seher auffällt, ist die Auswahl der
Frauen. Hier wurden zwar keine
Playmates engagiert aber dennoch
gut darauf geachtet das man hier
recht attraktive Damen zu Gesicht
bekommt. In anderen Produktionen
wurden oft alle erdenklichen Körper-
formen verwendet, doch in REFORM
SCHOOL GIRLS sind alle sehr
ansehnlich und entsprechen dem oft
unmißverständlichen Bild eines
perfekten Körpers – ebenfalls typisch
für die USA wobei die meiste Bevöl-

kerung eher zu den schwergewichti-
gen gehören. Nun ja im Film laufen
sie ja auch sehr oft nackt, halbnackt
oder in Dessous durchs Setting und
Bild, der Zuschauer soll ja auch
optisch was geboten bekommen.
Viele der jungen Damen sind oft nur
in Nebenrollen in anderen Produktionen präsent, oft sogar ohne einen
Satz zu sagen. Die Besetzungsliste
ist sehr umfassend und interessant
gestaltet worden. Tiffany Helm kennt
man noch aus "Freitag der 13.te Teil
5", Linda Carol, Sherri Stoner, Denise
Gordy, Laurie Schwartz, sind eher die
unbekannteren des Films.

Zu den bekannteren gehören eindeutig Sybill Danning, die hier im späteren Verlauf als Aufseherin Sutter im ILSA Look auftaucht. In schwarzer Kleidung, zugeknöpft hat sie das Zepter der Reformschule in der Hand und setzt ihr eisernes Regiment durch. In der Rolle der Charlie Cahmbliss schlüpfte die Punk-Ikone Wendy O. Williams. Sie ist vor allem durch ihre Band „Plasmatics" bekannt geworden. Für den Film spendierte sie insgesamt vier Songs, unter anderem auch den Titelsong, die auch auf dem gleichnamigen Album vertrieben durch RHINO RECORDS erschienen sind. Williams war ein Mensch mit psychischen Störungen, sie führte mit ihrem Partner eine On/Off Beziehung die durch Alkohol, Drogen und Eskapaden gefüttert wurde. Am

Inszenierung Wert gelegt, in REFORM SCHOOL GIRLS wurde zwar auch auf Gewalt geachtet, jedoch wurde bewusst darauf verzichtet sie explizit mit der Kamera einzufangen. Vieles wird nur angedeutet oder geschieht sogar im Off, gelegentlich werden auch bevorstehende Gewalthandlungen durch Veränderung des Szenarios durch plötzlichem auftauchen der Wärterinnen oder eingreifen von Mithäftlingen vereitelt bevor sie passieren. Erst im späteren Verlauf des Films bekommt der Action-Part Unterstützung mit einer Revolte und den Gebrauch von Schusswaffen.

Nette Idee ist noch die Anbringung der Regeln auf Zetteln verteilt in der ganzen Schule. „Spuck nicht auf den Boden", „Werfe nicht mit Essen" sind noch die am meisten

6. April 1998 nahm sie sich mithilfe einer Schusswaffe das Leben, zuvor verübte sie mehrere Selbstmord-Versuche.

In den meisten WIP-Filmen wird vor allem auf die Gewalt und deren

auftretenden Sprüche. Auch ist es interessant zu sehen wie man den Original-Namen falsch verwendete. Auf dem VHS Cover wurde PRIDEMOORE mit zwei O geschrieben, im Film steht der Name zum Beispiel am Gefängniswagen mit einem O. In Datenbanken wird er teils mit einem oder auch mit zwei O aufgeführt. Ob hier der deutsche Verleih den Wirrwarr erzeugt hat ist nicht Belegbar aber nicht undenkbar. Mir gefällt der Titel REFORM SCHOOL GIRLS persönlich sowieso besser, denn er passt eher zur Thematik des Films.

Regisseur Desimone schuf einen amüsanten, unterhaltsamen WIP-Streifen der eigentlich keiner ist. Mit etwas Gewalt, viel nackter Haut und einer Portion Charme und Ironie an das Genre. Verhältnismäßig sehr brav und zurückhaltend verglichen mit anderen Produktionen aus dem Genre. Doch braucht er sich nicht hinter ihnen zu verstecken und wird sicherlich seine Fans (wieder)finden. Vor allem unterstreicht die rockige, punkige und teil Heavy Metal klingende Musik das Szenario und verhilft dem Film zu mehr Ausdrucksstärke und erhöht den Unterhaltungswert. Die berühmt berüchtigten Lesben-Szenen wurden hier gänzlich weg gelassen, doch die

Slip-Werf Szene in Zelle 14 entschädigt dies vollkommen.

Das Label Wicked-Vision veröffentlichte nun diesen Streifen neu abgetastet in schicken, streng limitierten Mediabooks mit zahlreichen Bonusmaterial bestückt. Ihr bekommt ein 24-seitiges Booklet mit einem Text von James Chandler in Deutsch und Englisch; einen Audiokommentar mit Regisseur Tom DeSimone und Humorist Martin Lewis; - einen Audiokommentar mit James Chandler und Ash Hamilton von Horror-Fix.com; - „So What?" – Brandneue Interviews mit Regisseur Tom DeSimone; - „Prison Watch" – mit Kameramann Howard Wexler; - „Too Good to Be Bad" – Bund mit Fish-Darstellerin Tiffany Helm; - Originaltrailer [35mm / Open Matte / ReCut]; - Teaser Trailer; - TV-Spots; - Vintage Material; - Musikvideo zum Film; - umfangreiche Bildergalerie; - BD-Rom-Part zur Indizierung und De-Indizierung des Films; DVD: Laufzeit: ca. 92 Minuten (ungekürzt) Bildformat: DD 2.0 Deutsch Englisch;

Freddy trifft am letzten Schultag ein harter Schlag. Statt mit einer aufregenden Blondine nach Hawaii zu fliegen, muß er eine Englischklasse übernehmen, die er auf eine Wiederholungsprüfung vorbereiten soll! Und das als Sportlehrer! In der Nachbarsklasse unterrichtet die attraktive Robin Geschichte und erklärt sich bereit, ihm die wichtigsten Unterrichtsmethoden im Schnellverfahren beizubringen. Doch Freddy kommt mit der Chaotenklasse gar nicht zurecht, in der Freaks, Träumer, eine Schwangere und ein Haufen Lernunwilliger sind, die ihm das Leben zur Hölle machen…

Wer gelegentlich das Free - TV durchzappt, der wird sicher schon mal bei NCIS hängen geblieben sein. Vor allem dürfte der Hauptdarsteller Leroy Gibbs so manchem in´s Auge gefallen sein: Den kenne ich doch irgendwoher? Hat der nicht mal in einer Teenie - Komödie mitgespielt? Ja, hat er: In „Summer School"! Einer Teenie - Komödie, die lange vor dem Hype um die Filmreihe „American Pie" entstanden ist. Aber halt - manche werden sagen, da gab es doch schon vorher Komödien solcher Art! Ja, das ist richtig. Man denke da nur an die Kult-Reihe „Eis am Stiel". Doch „Summer School" ist bedeutend anders! Vor allem, weil die Macher darauf Wert legten, das die Cha-

rakter-Zeichnung streng Jugendfrei bleibt, und vor allem ohne jeglichen Fäkal-Humor, der Jahre später an der Tagesordnung war und in keinem Skript fehlen durfte.

Regisseur Carl Reiner inszenierte 1987 diese „Feel Good" Teenie – Komödie. Aufgrund seiner vorherigen Erfahrung durch Filme mit Steve Martin, fanden auch hier viele seiner Ideen und Vorstellungen ihren Einsatz. Mit Steve Martin drehte er u.a. „Tote tragen keine Karos" (1982), „Reichtum ist keine Schande" (1979), und nicht zu vergessen „Solo für 2" (1984). Mit Hauptdarstellerin Kirstie Alley drehte er „Eine fast anständige Frau" (1990).

Für Kirstie Alley war es die erste Hauptrolle in einer Hollywood – Kinoproduktion. Doch erst durch „Summer School" wurden andere Regisseure und Produzenten auf sie aufmerksam und boten ihr zahlreiche Filmrollen an. Besonders prägend waren hier die „Kuck mal, wer da spricht" - Filme an der Seite von John Travolta. Nicht zu verwechseln mit Tim Allen in „Zum Teufel mit den Millionen"!

Mark Harmon hatte schon vor „Summer School" diverse Rollen in Serien und Filmen. Am interessantesten sind „Holt Harry raus!" (1986), „Dillinger – Staatsfeind Nr. 1!" (1991) und „Eine Farm in Montana" (1978). Übrigens zu „Dillinger" befindet sich ein Artikel in Volume 9. Der mittlerweile 69-jährige Schauspieler war zum Zeitpunkt des Drehs zu „Summer School" schon über die 30 Jahre alt - wie passt das zusammen? Nun, am einfachsten ist erklärt, das er keinen Teenager mimt, sondern einen Sportlehrer, der dazu verdonnert wird, eine Klasse von gefährdeten Schülern (hinsichtlich ihres bevorstehenden Abschlusses) über die Sommerferien zu unterrichten und auch noch betreuen soll. Das dies bei lustlosen, schnell gelangweilten und verträumten Teenagern, die sich noch in ihrer Findungsphase befinden, kein leichtes Unterfangen ist, sollte jedem klar sein, der schon mal irgendwie mit Teenager in Kontakt kam.

Natürlich sollte dem Zuschauer von Anfang an klar sein, das auch hier die üblichen wiederverwendeten Klischees ordentlich ausgeschöpft werden. Neuerungen und Überraschungen fanden kaum Platz im Skript, doch dies wirkt sich keinesfalls nachteilig auf den Unterhaltungswert des Films aus. Auch wenn in den 80er Jahren dutzende solcher Werke in die Kinos und später auch in die Videotheken kam, so sticht „Summer School" aus

die unerreicht schien und dennoch hat man das Glück gehabt und gelangte zum Ziel. Somit ist der Hang zur Realität, die vor allem ein zeitloses Thema aufgreift, durchaus nachvollziehbar.

Trotz des guten Einspielergebnisses der Komödie an den amerikanischen Kino – Kassen, hatte er in Deutschland nur einen mäßig Erfolg und somit einen kleineren Bekanntheitsgrad. Dies dürfte auch auf die

der Masse leicht hervor. Das ist vor allem auf die Charakter - Zeichnung der einzelnen Charaktere zurück zu führen. Die Teenager sind allesamt nachvollziehbar und in manchen Momenten erkennt sich der ein oder andere auch selbst wieder. Zum anderen: Wer hat sich nicht auch schon mal in eine Person verliebt,

Veröffentlichungs - Politik zurück zu führen sein. Hierzulande dümpelt diese „Feel – Good" Komödie nur auf
VHS rum, hinzu kommen ein paar Free TV Ausstrahlungen. Eine offizielle Veröffentlichung auf DVD oder sogar Blu-ray ist bislang nicht geplant.

Wer eine unterhaltsame „Feel Good" Teenie - Komödie sucht, wird mit „Summer School" schnell warm.
Durch das gut durchdachte und positionierte Wort - Witz - Spiel und den ausgefeilten Charakteren kann der Film sehr überzeugen und unterhalten. „Summer School" zeigt deutlich, das es auch ohne Fäkal – Humor und Nackten Tatsachen klappen kann.

Wer genau hinschaut, der wird die Schule wieder erkennen. Sie diente vor allem auch in „Karate Kid" als Schauplatz. Es handelt sich um die „Charles Evans Hughes Junior High School".

Wie jedesmal fängt es ganz harmlos an. Sanfte Frühlingsbrisen wehen über das
Land. Wolkengebilde schweben durch das endlose Blau. Doch plötzlich verwandelt sich das Blau in ein giftiges, zorniges, spannungsgeladenes Grün. Erst
hörst Du ihn, dann spürst du ihn. Twister, der gewaltigste Sturm der letzten 50
Jahre, rast auf Dich zu. Das ist der Moment, auf den die Wissenschaftler Jo und
Bill gewartet haben. Ihr Ziel ist es, elektronische Sensoren in das Zentrum des
Tornados zu schleusen, um auf diese Weise erstmals Meßwerte für ein zuver-
lässiges Frühwarn-System zu gewinnen. Doch Auge in Auge mit dem übermäch-
tigen Wirbelsturm wird die wissenschaftliche Mission zum Wettlauf mit der Zeit.

TER

TURBINE

In den 90er Jahren erlebte das Katastrophen-Genre einen neuen Boom – durch den Blockbuster „Titanic", der die Möglichkeiten der Vermischung von visuellen und handgemachten Effekten stolz

Durch Vorlage bei Amblin Entertain-

den Zuschauern präsentierte. Die Technik der CGI hatte sich in den Jahren deutlich weiter entwickelt und verbessert. Die Basis für „Twister" schrieb Drehbuchautor Jeffrey Hilton.

ment, einer Produktionsfirma von Steven Spielberg, wurde dieser zwar aufmerksam und hellhörig, war jedoch noch zu sehr mit „Jurassic Park" beschäftigt.

Nach dem großen Erfolg vom Dinosaurier-Epos nahm sich Spielberg das Skript und legte es Michael Chrichton vor. Zusammen entwarfen sie die Idee und die geplante Umsetzung des Skripts. Sie wollten die Sturmjäger auf die große Leinwand bringen und die Zuschauer visuell als auch audiovisuell für die Natur-Katastrophe begeistern und förmlich in die Kinosessel pressen.

Steven Spielberg legte, um die Finanzierung des Films zu stemmen, das Skript Universal und Warner vor. Beide Studios willigten trotz der hohen Summen bereitwillig ein und finanzierten das gewagte Projekt. Zu diesem Zeitpunkt waren die technischen Möglichkeiten von Effekten zwar recht weit entwickelt, doch stellte das gesamte Produktionsteam vor neuen Herausforderungen. Somit zog man noch INDUSTRIAL LIGHT & MA-GIC hinzu, die schon mit „Krieg der Sterne" neue Maßstäbe von Effekten setzten. Denn viele der durchdachten Szenen mussten mithilfe der Technik umgesetzt werden, um vor allen die Dreharbeiten, das Team und die Schauspieler nicht zu gefährden.

Was noch fehlte, um die Dreharbeiten zu starten, war ein fähiger Regisseur. Die Wahl fiel auf den niederländischen Regisseur Jan De Bont, der schon mit dem Action-Thriller „Speed" auf sich aufmerksam machte. Er war der Mann, der die recht einfache Story mithilfe von bombastischen Effekten gekonnt in Szene setzen sollte. Dieses Unterfangen gelang ihm in meinen Augen und er lieferte mit „Twister" ein Sahnestück aus dem Katastrophen-Genre ab. Jan De Bont legte den Schwerpunkt des Films auf die Natur und den Tornado. Die Sub-Story, in der ein getrenntes Ehepaar

durch die Jagd auf den Tornado wieder zusammen findet, rückt gekonnt in den Hintergrund und ist dennoch stets präsent und spürbar.

Nächster interessanter Punkt ist vor allem die Besetzung des Films bis in die Nebenrollen. Als „Zugpferde" wurden Helen Hunt und Bill Paxton auserwählt und engagiert. Das Produzenten-Team legte Wert darauf, keine Mega-Stars aus Hollywood zu engagieren, um die Glaubwürdigkeit der Rollen im Film zu erhalten. Die Schauspieler sollten wie eine Art „Nerds" wirken, bzw. die Optik von Wissenschaftlern erfüllen. Sie sollten wie echte Menschen wirken und nicht das Profil eines Superhelden repräsentieren. Das ist Jan de Bont, der für die Besetzung verantwortlich war, sehr gut gelungen. Helen Hunt wirkte unter anderem in „Achterbahn" (1977), „Trancers" (1984) und „Ruf nach Vergeltung" (1989, an der Seite von Patrick Swayze) mit. Bill Paxton

war ebenfalls ein sehr bekannter und erfolgreicher Schauspieler und war unter anderem in „Terminator" (1984) als Punk, in „Aliens – Die Rückkehr" (1986) als Prv. Hudson und „Near Dark – Die Nacht hat ihren Preis" (1987) zu sehen. Im Jahr 2017 verstarb er an den Folgen eines Schlaganfalls nach einer Herzoperation.

Die Story von „Twister" ist zwar recht simpel und einfach gestrickt, schreitet jedoch mithilfe der vielen Action-Sequenzen mit dem Tornado in schnellen Schritten voran. Der Zuschauer wird zum Teil der Geschichte und verfolgt mit aufgerissenen Augen das gezeigte auf der Flimmerkiste. Der Action-Anteil ist sehr hoch, schließlich handelt es sich um einen Katastrophen-Film, wo dem Zuschauer auf beeindruckende Weise gezeigt wird, was für zerstörerische Macht doch solch ein Tornado hat. Hier werden Landmaschinen wie Spielzeug-Autos durch die Gegend gewirbelt.

Man fährt mit einem Jeep durch ein Haus, was sich auf der Straße befindet, und allerlei umher wirbelnde Gegenstände, wie auch Tiere, werden ordentlich durchgewirbelt. Ein kleine Prise Humor fand ebenfalls seinen Platz im Skript, und so blieben ein paar Schmunzler und einbrennende Sätze dem Zuschauer im Gedächtnis haften, vor allem die Szene mit der Kuh.

Regisseur De Bont setzte alles daran, das viele Szenen nicht komplett aus dem Rechner stammen. So wurden zahlreiche aufwendige Bauten vorgenommen. Sei es, ein Truck aus Aluminium nachzubauen, ein Haus auf die Seite legen, um mit einem Jeep hindurch fahren zu lassen, oder auch die Latten eines Zauns, die zu Geschossen werden, als sich der Tornado den Zaun vornahm. Dies sind nur wenige Beispiele für die Kunst der handgemachten Effekte. Mithilfe von CGI und auch zum Schutz aller Beteiligten, wurden viele Szenen entweder mithilfe von CGI weiter geführt, oder ergänzt. Vor allem der Tornado ist ein kleines Glanzstück aus der Schmiede von ILM. Im Jahr 1996 waren die Effekte noch bahnbrechend in der Film-Industrie, doch nach nur fünf Jahren waren sie angestaubt und oft deutlich als "künstliche" Effekte zu erkennen. Doch auch nach 25 Jahren weiss der Film "Twister" zu gefallen, und den Zuschauer zu unterhalten, trotz der angestaubten Trick-Technik, die sich natürlich weiter entwickelt hat. Doch Mitte der 90er Jahre steckte vieles noch in den Kinderschuhen und musste erst noch erfunden werden. Heute ist vieles schon umgesetzt und sozusagen per Klick verfügbar und einbaufähig.

"Twister" ist leicht verdauliches Popcorn-Kino der 90er – mit einer Prise Humor und satter Action. Zwar wird die Glaubwürdigkeit etwas ausgereizt, aber ohne ins plumpe Szenario abzudriften. Die typische Portion Herz-Schmerz wurde gekonnt ins Skript integriert und suggeriert dem Zuschauer sofort, das es hier ein Happy End geben wird. Dazu kommt, das die Ohren der Zuschauer ebenfalls ordentlich versorgt werden. Man hört das Tornado-Sausen, Glas und Holz, was zerbarst und vieles mehr. Die Boxen der Heimanlage haben ordentlich zu schaffen, dank der neuen Tonspuren in Dolby Atmos und Auro 3D.

Das Label "Turbine Medien" verpasste dem Katastrophen-Thriller jetzt eine Neuauflage. Jedoch wurde dem Film noch eine Aufarbeitung seitens der Bild-Qualität verpasst, ohne jedoch zu sehr das leichte Film-Korn sozusagen wegzuwaschen. Somit glänzen die Charaktere nicht wie Schweinehälften in der Auslage des Schlachters und wirken noch realistisch und glaubwürdig. Auch wurden die Farben nur dezent aufgefrischt, und diese Wahl finde ich persönlich sehr gut, denn wenn ältere Filme wie neue Produktionen wirken, verdirbt es mir die Laune, den Film anzusehen.

Auch wurde, wie schon bei "Dragonheart", das Mediabook nur mit zwei Blu-rays bestückt - aber beide beherbergen jeweils eine fette Tonspur. Zum einen haben wir eine Blu-ray mit Dolby Atmos, und die andere hat Auro 3D. Beide Scheiben sind zusätzlich noch mit viel Bonusmaterial bestückt worden, was vor allem Einblicke in die Entstehung des Films gewährt.

Ein Musik-Video rundet das Bonusmaterial ab.

Vergessen war gestern, wir sprechen darüber!

DAN AYKROYD   EDDIE MURPHY

DIE GLÜCKSRITTER

VHS
NEVER FOR

Randolph und Mortimer Duke haben gewettet: der eine ist der Meinung, jeder könne den Job eines Brokers ausüben, der andere meint, nur wer die richtigen Gene und Umgebung genossen hat, ist dazu in der Lage. Also müssen Louis Winthorpe III und Billy Ray Valentine ohne ihr Wissen ihre Rollen tauschen – vom Kleinkriminellen zum Börsenexperten und umgekehrt.

Das Menschen ihre Körper in Filmen tauschen, kennt man ja zur Genüge, aber wie wäre es denn mal mit folgendem: Zwei Charaktere tauschen ihre beruflichen Aspekte: Ein Bettler und ein Millionär. Klingt erst nach einer verrückten Idee eines Free TV Senders, um ihre Einschaltquoten zu retten - ist aber tatsächlich von Regisseur John Landis verfilmt worden: Der Kultfilm „Die Glücksritter" stammt aus dem Jahr 1983 und wurde von zwei bekannten und erfolgreichen Schauspielern in den Hauptrollen besetzt: Dan Aykroyd und Eddie Murphy durften ihre Rollen tauschen. John Landis ist ein Garant für unterhaltsame Filme. Zu seinen weiteren Werken zählen Filme wie „Schlock – Das Bananenmonster" von 1973, „Spione wie wir" von 1985 und nicht zu vergessen „American Werewolf" aus dem Jahr 1981.

Der Film basiert lose auf Motiven des Romans „Der Prinz und der Bettelknabe", sowie der Kurzgeschichte „The Million Pound Bank Note" des US-Amerikanischen Schriftstellers Mark Twain, sowie dem „Grafen von Monte Christo" von Alexandre Dumas. „Die Glücksritter" ist eine Komödie, die zu einem echten Kultfilm geworden ist, und immer noch sehr beliebt bei den Fernsehzuschauern ist. Man erlebt in diesem Film Eddie Murphy in seiner zweiten Filmrolle. Zuvor war er in „Nur 48 Stunden" an der Seite von Nick Nolte zu bewundern. Erst durch diesen Film begann seine Karriere den steilen Weg nach oben. Weitere Filme folgten. Legendär wurden auch seine Filme als Cop in „Beverly Hills Cop", oder auch „Auf der Suche nach dem Goldenen Kind" aus dem Jahr 1986, sowie „Der Prinz aus Zamunda" von 1988.

Vergessen war gestern, wir sprechen darüber!

An seiner Seite ist Dan Aykryod, den die meisten aus anderen Produktionen kennen, vor allem aus dem Genre Komödie. Zu seinen bekanntesten Werken zählen vor allem die beiden „Ghostbusters" Filme, aber auch andere Werke wie „Meine Stiefmutter ist ein Alien" mit Kim Basinger (1988), „Miss Daisy und ihr Chauffeur" (1989) mit Morgan Freeman und „My Girl – meine erste Liebe" (1991) sollten nicht unerwähnt bleiben. Seine Filmographie ist unwahrscheinlich lang, von Haupt- bis Nebenrollen ist alles vertreten. In einer Nebenrolle ist Jamie Lee Curtis zu bewundern: Sie spielt in „Die Glücksritter" eine Edelprostituierte und war zum ersten Mal in einer Komödie zu sehen. Sie wurde für diese Rolle sogar mit dem British Academy Film Award ausgezeichnet.

„Die Glücksritter" ist eine Komödie, die vollkommen auf Slapstick verzichtet, stattdessen werden hier bissige Sprüche aneinander gereiht,

die bis heute nichts an ihrem Reiz und ihrer Wirkung verloren haben. Selbst die deutsche Synchronisation ist in diesem Fall durchaus gelungen. Es ist eine unterhaltsame Angelegenheit zu erleben, wie beide Charaktere beide Gesellschaftsebenen durchleben. Beide Schauspieler präsentieren ihre Rollen auch überzeugend und sehr kreativ, die Besetzung der Rollen ist den Filmemachern sehr gelungen und weiß zu gefallen. Die beiden Duke Brüder hatten auch in weiteren John Landis Filmen diverse Auftritte, zum Beispiel in „Der Prinz aus Zamunda", wo Eddie Murphy sein Geldbündel einem Landstreicher schenkt. Dieser ruft nur „Mortimer, wir sind wieder da". In weiteren kleinen Nebenrollen sind zu sehen: Frank Oz als der korrupte Polizeibeamte, James Belushi als der als Gorilla verkleidete Partygänger, und Kelly Curtis, Schwester von Jamie Lee Curtis (Ophelia), als Freundin von Penelope.

Im Jahr 1984 war der Film sogar für zwei Oscars nominiert worden: Für die beste Filmmusik und den besten Titelsong. Er ging jedoch leer aus. „Die Glücksritter" ist eine amüsante Komödie, die selbst nach gut 30 Jahren nichts vom Reiz und Charme verloren hat, und wird mindestens einmal im Jahr im Free TV ausgestrahlt. Ein Pflichtfilm, nicht nur für Eddie Murphy und Dan Aykroyd Fans.

DRAGONHEART

Im Sommer 1996 waren die Erwartungen und die Vorfreude der Kino-Zuschauer, sowie der Filmemacher sehr hoch: "Dragonheart" startete in den amerikanischen Kinos. Doch wurden die Erwartungen befriedigt - oder eher unerfüllt gelassen? Das Zweite trat ein und "Dragonheart" blieb hinter seinen Erwartungen. Auch die Kritiken fielen eher schlecht aus und sorgten damit für einen mäßigen Erfolg des Films. Doch wie sieht es damit nach 25 Jahren aus?

Das Label Turbine Medien veröffentlichte "Dragonheart" anlässlich seines 25. Geburtstags mit viel Bonusmaterial und einem satten Sound für die Ohren - mit AURO 3D und Dolby Atmos! Hinzu kam ein neu abgetastetes Bild, was die (Neu)Veröffentlichung des Films rechtfertigte.

Regisseur Rob Cohen, der uns schon Filme wie "Dragon – Die Bruce Lee Story" (1993) und "Daylight" (1996) bescherte (ebenfalls würdig von Turbine Medien veröffentlicht), schuf mit "Dragonheart" ein Fantasy-Action-Popcorn-Kino Werk mit Effekten, die zu der Zeit der 90er Jahre für atemberaubende und spektakuläre Unterhaltung sorgte. Die Möglichkeiten der Tricktechnik befand sich, mit heute gemessen, noch in den Kinderschuhen, zeigte jedoch schon vor 25 Jahren eindrucksvoll, was alles möglich ist und noch möglich sein wird. Rob Cohen entwickelte in Zusammenarbeit mit ILM (Industrial Light & Magic) den Drachen "Draco", der die erste Filmfigur darstellt, die komplett am Rechner entstanden ist. Zuvor wurde oft noch mithilfe von Animatronics und

Ritter Bowen (Dennis Quaid) hat Rache an den verbliebenen Drachen seiner Zeit geschworen, da er diese für die Misere seines Königreichs verantwortlich macht: Lange hatte Bowen dem tyrannischen Vater des jetzigen Königs Einon (David Thewlis) gedient, den Prinzen aber in der Hoffnung erzogen aus diesem einen besseren Regenten zu machen. Als Einon am Herzen verletzt wurde und im Sterben lag, opferte ein Drache die Hälfte seines Herzens, damit der Prinz überlebte. Doch Einon wuchs zum einem genauso schrecklichen Tyrannen heran wie sein Vater. Mit Draco kann Bowen zwölf Jahre nach diesem Ereignis den vielleicht letzten der Drachen stellen, doch nach einem unentschiedenen Kampf schlägt Draco dem mittlerweile als Söldner arbeitenden Bowen ein Geschäft vor: Bowen bringt ihn immer nur scheinbar um, kassiert von immer neuen Dörfern eine Belohnung fürs Drachentöten und bleibt im Geschäft...

VON STEFAN BÖSE

aufwendigen Bauten gearbeitet, um die Tricks den Zuschauer näher zu bringen.

Doch der Vorsprung und das Voranpreschen der Technik sorgte dafür, das die Effekte in den Vordergrund rückten und oft die Story des Films zum Nebenprodukt wurde. Die Zuschauer wollten immer mehr davon sehen, denn die Messlatte wurde immer ein Stück höher gelegt. Man war verwöhnt worden. Wie ein kleines Kind, welchem man Süßigkeiten gibt und noch mehr davon ihm vor die Nase hält. Somit avancierte sich „Dragonheart" zu einer Spielwiese, deren Tricktechnik mit einer doch recht altmodischen Story neu interpretiert wurde.

Die Film-Figur "Draco" rückte in den Vordergrund. Einen großen Teil trug die amerikanische Synchronisation dem Film bei: Der legendäre schottische Schauspieler Sean Connery, den man vor allem als "James Bond 007" kannte, lieh dem Drachen im Original seine Stimme. Mit seinem schottischen Akzent und einer angepassten stimmlichen Mimik des Drachen, gelang den Film-Technikern ein kleines Meisterstück. Sean Connery erweckte den Drachen zum Leben und verpasste ihm Witz, Charme und auch Ernsthaftigkeit, im Zusammenspiel verschiedener Gefühlsstufen. Doch "Dragonheart" sollte ja auch

eine deutsche Aufführung spendiert bekommen! Doch WER ist anmutig genug, dafür dem Drachen seine Stimme zu leihen? Die Wahl fiel auf den erfahrenen Schauspieler und Synchronsprecher Mario Adorf. Wie sein amerikanischer Sprecher verlieh auch er dem Drachen seine Gefühlsstufen: Komik, Witz und Charme. In meinen Augen die beste Wahl. Durch die neue Veröffentlichung des Films von "Turbine" ist nun Draco auch bestens zu verstehen. Zuvor waren manche Textpassagen nur schwer zu erkennen und zu hören – dies hat nun ein Ende - dank der Aufbereitung der Tonspuren des Films.

Die Entwicklung und Umsetzung des Drachens war eine große Herausforderung an ILM. Vor allem, weil "Draco" sprechen sollte, war es ein schweres Unterfangen. Ein Programm dafür gab es nicht. Somit setzte sich ILM an die Rechner und entwickelte ein Programm, um den "Draco" lippensynchron zu programmieren. Durch diese Weiterentwicklung der Technik war UNIVERSAL sehr daran interessiert, "Dragonheart" zu finanzieren.

spieler, die man nennen sollte, sind: Dennis Quaid, Dina Meyer, Julie Christie, David Thewlis und nicht zu vergessen Pete Postlethwaite als Gilbert, der so manches Mal dem Drachen die Show stiehlt. Der texanische Schauspieler Dennis Quaid, der uns schon in "Die Reise in Ich" (1987) und "Enemy Mine - Geliebter Feind" (1985) in andere Welten entführte, nimmt uns bei "Dragonheart" mit in die Welt der

Das Budget spielte eine untergeordnete Rolle und somit wurden die Arbeiten zu dem Projekt aufgenommen. Der Drache "Draco" ist eine Mischung aus einem T-Rex aus "Jurassic Park", der mit Flügeln eines Pterodactylus ausstaffiert wurde. Dazu wurden noch Hörner aufgesetzt und die Mimik, sowie Gesichtszüge etwas modifiziert. Die weiteren namenhaften Schau-

Mythen, Legenden und Drachen im Mittelalter. Im Film mimt er einen Ritter namens Bowen, der von seinem rechten Weg abgekommen ist und mithilfe der Drachenjagd zu neuem Ruhm und Ehre gelangen möchte. Julie Christie schlüpfte in die Rolle der Queen Aislinn, John Gielgurd als King Arthur und Pete Postlethwaite als Gilbert, ein Weggefährte von Ritter Bowen.

Vergessen war gestern, wir sprechen darüber!

"Dragonheart" ist ein zeitloses Fantasy-Spektakel, in dem es um Freundschaft, Ehre und Mut geht. Allein die Dynamik des Films und die Schlagabtäusche zwischen Bowen und Draco, sind amüsant und sehr unterhaltsam. Sonst ist der Film mit recht stereotypischen und klischeehaften Figuren inszeniert worden.

Doch die Umdrehung der typischen Drachen-Klischees sorgt für einen hohen Unterhaltungswert, wobei es egal ist, ob man sich die Connery Fassung oder die Adorf Fassung anschaut - der Spaß bleibt der selbige und sorgt auch noch heute, nach 25 Jahren, für pure Unterhaltung und Begeisterung. Zwar wirken die

Vergessen war gestern, wir sprechen darüber!

Effekte etwas angestaubt, jedoch darf man nicht vergessen, das "Dragonheart" vor 25 Jahren in die Kinos kam und somit ein Zeitzeuge der Tricktechnik darstellt. Die hervorragende Zusammenarbeit von Mensch und Drache beschert den Zuschauer auch heute noch Popcorn-Kino der gehobenen Art. Interessant aufwendige Ef-

fekte, gute Schauspiel-Leistungen bis in die Nebenrollen und eine zeitlose Geschichte, die man perfekt in jede Epoche widerspiegeln kann.

Zur Bild - und Tonqualität aus dem Hause "Turbine" möchte ich noch sagen, das man hier wirklich darauf geachtet hat, das Beste aus dem

DRAG♁NHEART

vorhandenen Filmmaterial heraus zu kitzeln. Die Farben sind satt, das Bild ist Messerscharf. Lediglich bei ein paar Landschaftsaufnahmen ist etwas Unschärfe zu erkennen. Verglichen mit vorherigen Veröffentlichungen ist das ein gewaltiger Sprung, denn viele Szenen waren zuvor sehr schwammig und die Farben wirkten blass. Zwar sind durch die brillante Schärfe und Kontrast viele Effekte als solche zu erkennen, aber dies mindert in keinster Weise den Unterhaltungswert. Der Sound ist einfach Bombe, die Lautsprecher und vor allem ein Subwoofer haben ordentlich zu schaffen und übermitteln den Zuschauer förmlich mitten im Geschehen der Story zu sein. Die Dialoge sind klar und deutlich, und alle Stimmen sind klar unterscheidbar. Vor allem ist es interessant, das "Turbine" eine kleine Passage von Mario Adorf wieder

integriert haben: In einer Szene verwendete Adorf das Wort "Scheisse", was bei den anderen Veröffentlichungen entfernt wurde. Somit kam das Gerücht zustande, das es zwei Synchronfassungen geben sollte! Dem ist aber nicht so. Zudem erhält der Zuschauer viel Bonusmaterial auf den beiden Scheiben im Mediabook, das zudem ein fettes Booklet von 60 Seiten, geschrieben von Tobias Hohmann, enthält. In diesem erfährt man viel über die Dreharbeiten, Schauspieler, Mythen, Effekte u.v.m. Das Mediabook beinhaltet zwei Blu-ray's: Auf einer befindet sich die "Dolby Atmos" Spur und auf der anderen die "Auro 3D" Tonspur. Solche Spuren benötigen viel Platz, denn der Film muss ja auch noch auf die Scheibe. Daher entschied man sich, die Mediabooks nur mit Blu-ray's auszustatten.

HEISSE NÄCHTE IN HOLLYWOOD (1974)

Die vier jungen Frauen Laura, Bridgette, Serena und Suzie lassen sich auf einer Party von einer mysteriösen Wahrsagerin ihre Zukunft aus der Hand lesen. Sie verspricht die prickelnden Abenteuer – ob es um gestohlene Diamanten, freche Betrügereien oder gar eine extravagante Liebesaffäre geht: Die sexy Damen wissen ganz genau, wie sie im Macho-Hollywood der Siebzigerjahre die Männerwelt um den Finger wickeln und ihre Ziele einsetzen können!

Wenn man mit Filmen von Jess Franco, Russ Meyer und vielen anderen aufgewachsen ist, und als kleiner Knirps heimlich die Dirndl-Streifen im Spätprogramm bei RTL verfolgt hat, dann hat man entweder ein Faible für solche Werke, oder ist gestört. Zu welcher Fraktion ich gehöre, bleibt Eurer Gedankenwelt überlassen. "Heiße Nächte in Hollywood" ist eine Soft-Sex-Produktion aus den wilden, freizügigen 70er Jahren aus den USA. Harry Sahn, dessen Produktion übrigens seine erste und letzte war, war der verantwortliche Mann auf dem Regiestuhl. Ob der Name ein Pseudonym ist, oder er einfach nur nicht weiter produzierte, bleibt ein Geheimnis. Möglicherweise hatte er Angst ins Hardcore Geschäft abzurutschen –

aber auch das bleibt leider unbeantwortet.

Die deutschen Sex-Komödien hatten nicht nur nackte Tatsachen zu bieten, sondern fuhren auch auf einer Humor-Schiene, um den Zuschauer bei der Stange zu halten (im wahrsten Sinne des Wortes).

per und allerlei Sex-Szenen im Auto, auf dem Klavier und sonst wo.

Das Flair der 70er ist hier vollends eingefangen worden. Die Frauen trugen noch Buschwerk, oder Perücken auf dem Kopf, knappe Outfits in knalligen Farben und das damalige Schönheitsideal - Natürlichkeit. Brust-OP´s waren noch in weiter Ferne, und andere Schnitte am und im Körper waren ebenfalls noch Fehlanzeige. Die meisten Damen, die hier im Film ihre Hüllen fallen lassen, sind hierzulande recht unbekannt und haben meist auch nur dieses Werk in ihrem Lebenslauf stehen. Bis auf die lockige Blondine mit dem Namen "Serena". Es war ihr erster Film, und sie hatte großen Gefallen daran ihren Körper in die Kamera zu räkeln, das sie kurzerhand bis Mitte der 80er im Hardcore Geschäft tätig war. Doch die Brünette Darstellerin Tallie Cochrane, die schon vor "Heiße Nächte in Hollywood" vor der Kamera stand, kann einige Titel aus dem

Der Film "Heiße Nächte in Hollywood" ist da eher unfreiwillig komisch und versuchte eine Krimi-Geschichte in den Plot zu integrieren. Das hört sich in erster Linie recht ansprechend und vielversprechend an, doch leider bleiben diese aus. Hier bekommt der Zuschauer das geboten, worauf die Männerwelt wahrscheinlich mehr Wert legt: Nackte Brüste, nackte Kör-

Horror, Thriller, sowie HC Genre vorweisen und dürfte manchen sicherlich schon mal aufgefallen sein.

"Heiße Nächte in Hollywood" ist ein spritziger Mix aus Erotik, Krimi und unfreiwilliger Komik. Die deutsche Synchronisation ist sehr gut gelungen. Die Stimmen wurden für die einzelnen Charaktere passend ausgewählt. Leidglich der Versuch eine kriminalistische Story in den Plot hinein zu geben, ist etwas fehlgeschlagen. Doch wer möchte schon einen satten Krimi sehen, wenn er dafür viel nackte Haut und Brüste bekommt? Somit reiht sich dieser

Streifen gut in Filme wie "Teuflische Brüste 1+2" und "Malabimba – Komm mach's mit mir" ein und versorgt den Busenfreund mit allerlei nackten Tatsachen.

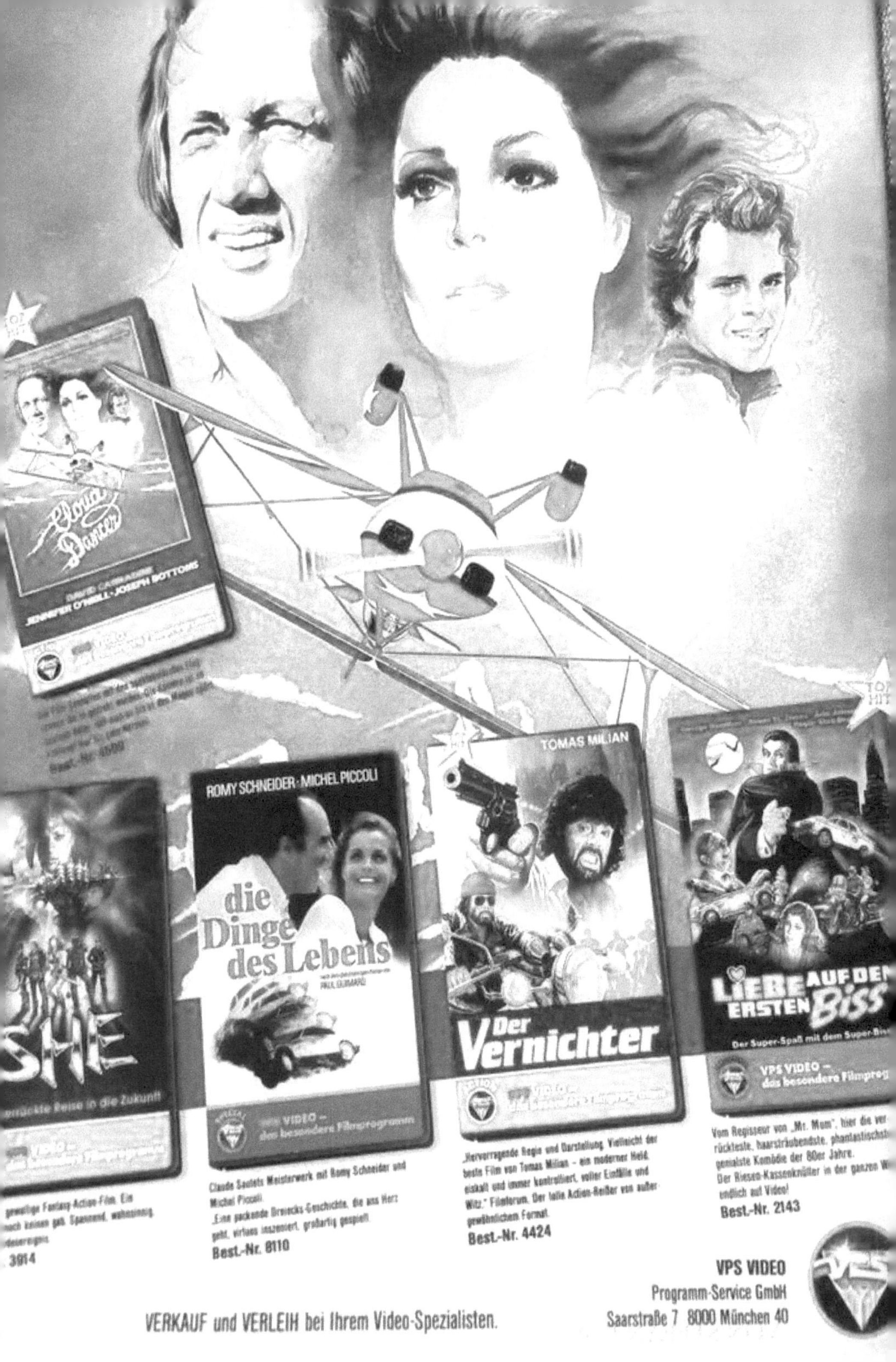

Cloud Dancer
JENNIFER O'NEILL · JOSEPH BOTTOMS
TOMAS MILIAN
Der Vernichter
ROMY SCHNEIDER · MICHEL PICCOLI
die Dinge des Lebens
SHE
Reise in die Zukunft
VIDEO –
das besondere Filmprogramm
LIEBE AUF DEN ERSTEN BISS
Der Super-Spaß mit dem Super-Biss
VPS VIDEO –
das besondere Filmprog
gewaltige Fantasy-Action-Film. Ein
Spannend, wahnsinnig
3914
Claude Sautets Meisterwerk mit Romy Schneider und
Michel Piccoli.
„Eine packende Dreiecks-Geschichte, die ans Herz
geht, virtuos inszeniert, großartig gespielt
Best.-Nr. 8110
„Hervorragende Regie und Darstellung. Vielleicht der
beste Film von Tomas Milian – ein moderner Held,
eiskalt und immer kontrolliert, voller Einfälle und
Witz." Filmforum. Der tolle Action-Reißer von außer-
gewöhnlichem Format.
Best.-Nr. 4424
Vom Regisseur von „Mr. Mum", hier die ver
rückteste, haarsträubendste, phantastischste
genialste Komödie der 80er Jahre.
Der Riesen-Kassenknüller in der ganzen W
endlich auf Video!
Best.-Nr. 2143
VPS VIDEO
Programm-Service GmbH
Saarstraße 7 8000 München 40
VERKAUF und VERLEIH bei Ihrem Video-Spezialisten.

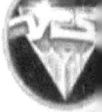

Fernseher und Trockner lassen sich nicht mehr kontrollieren. Immer mehr elektronische Helfer versagen den Dienst. Doch niemand mag de Warnungen des kleinen David (Joey Lawrence) Glauben schenken. Ba schon bringen die Schwankungen der Stromspannung in den elektrischen Leitungen Todesgefahren in das Haus von Davids Vater, daß für die Insassen zur Falle wird...

Das Horror Genre spielt oft mit Dämonen, Geistern, dem Teufel und irgendwelchen Monstern. Doch wie wäre es mal mit ein wenig Grusel mit der Realität? Sagen wir mal der Horror kommt aus der Steckdose! Klingt verrückt? Nein, ganz und gar nicht, man sollte den Strom nicht unterschätzen, ist zwar mittlerweile alltäglich geworden, aber dennoch eine große Gefahr für Leib und Seele. Somit entstand 1987 der Horror - Thriller PULSE unter der Regie von Paul Golding. Sein erster und leider auch letzter Beitrag als Regisseur, zuvor drehte er einen Kurzfilm über den berühmten Käfer HERBIE.

PULSE ist eine kleine Filmperle, die in den Weiten der damaligen Videotheken wahrscheinlich klanglos untergegangen ist. Sehr unbekannt, aber bei den wenigen Fans sicherlich ein kleiner Geheimtipp. Es sei gleich dazu gesagt das der Film von 1988 nichts mit den weiteren Filmen die den gleichen Titel tragen zu tun hat. In PULSE beschäftigt man sich mit der unsichtbaren Gefahr des Stroms. Anstatt wie andere Produktionen die typischen Klischees einfach abzuarbeiten, wurde hier eine neue Thematik ins Spiel gebracht, und stellt damit eine willkommene Abwechslung dar. Für mich ist dieser Film eine kleine Genre - Perle, der mal mit einer

VON STEFAN BÖSE

ganz anderen Thematik punktet und diese spannend und sehr Effektvoll umsetzt. Wer sich darauf einlassen kann und auch Horror ohne derbe Effekte mag, der wird hier auf jeden Fall bestens bedient.

Wie der Regisseur sind die Schauspieler im Film relativ unbekannt und können nur auf wenige weitere Rollen zurückblicken. Allen Anschein nach, handelt es sich bei PULSE um eine reine TV Produktion. Die Sets bestehen zumeist aus Innenaufnahmen in Häusern in gelegentlicher Abwechslung zu Außenaufnahmen. Die Effekte des Stroms sind sehr gut umgesetzt worden und lassen nur erahnen was der Strom für eine Macht in sich trägt und sie auch ausspielen kann.

In PULSE wird Spannung durch einfache Mittel erzeugt und vor allem aufrecht gehalten. Der Regisseur bewies damit, das man auch ohne Geister und Monster einen spannen-

den Film drehen kann. Es müssen nicht immer Blutorgien und derbe Splatterszenen sein. Wer jedoch auf heftige Szenen steht, wird mit PULSE nicht warm und sich sehr schnell langweilen. Doch man schaut ja auch gerne mal über den Tellerrand um kleine Filmperlen für sich zu entdecken, oder?

Somit ist es traurig das der Videoriese RCA Columbia den Film hierzulande nur auf VHS zu veröffentlichen. PULSE auf DVD und Blu-ray zu veröffentlichen wäre eine sinnvolle Aufgabe. In den USA ist er von SONY auf DVD erschienen. Im Gegensatz zur VHS aus Deutschland im richtigen Bildformat und sogar mit Dolby Surround, was besonders bei den Stromszenen sehr deutlich zu hören ist. Mir lag die amerikanische DVD vor, die ein sehr klares Bild liefert, satte Farben, keine Streifen und dergleichen und mit einem satten Sound punkten kann.

SEEMANN AHOI! (1967)

VON STEFAN BÖSE

Leutnant Ted Jackson ein Taucher der Navy, steht kurz vor seinem Dienstende. Auf seinem letzten Tauchgang entdeckt er ein versunkenes Schiff. Als er herausfindet, dass in dem Wrack Silbermünzen verborgen sind, hat er eine sonnige Zukunft vor Augen. Denn plötzlich befinden er und sein alter Boss sich im Schatzjäger-Geschäft!

Einen Musiker und Schauspieler den eigentlich jeder kennen dürfte, ist zweifellos Elvis Presley. Der „King of Rock´n Roll" und Schauspieler zahlreicher Spielfilme. Natürlich sind seine filmische Werke ebenfalls mit allerlei Songs aus seiner Karriere und oft auch extra für den Film komponiert versorgt. In den 60er Jahren waren zahlreiche Mischungen aus Komödie und Musik mit Elvis in den Schauspielhäusern zu sehen. Das Publikum wollte den Musiker nicht nur auf der Bühne erleben sondern auch mit ihm oft sehr unterhaltsame Geschichten erleben.

„Seemann ahoi" ist ebenfalls eine Mischung aus Komödie und Musik, dazu wurde noch etwas Abenteuer-

Feeling gegeben. Die Schatzsuche um die es im Film geht, dient zuerst nur als Aufhänger der Story und nimmt im späteren Verlauf einen festen Platz im Skript ein.

Elvis Presley mimt hier den Leutnant Ted Jackson der kurz vor seinem Dienstende steht. Mit seinen Freunden und Kollegen ist er auf Brautschau um mal wieder nach dreitägiger Abstinenz eine schöne Frau an der Seite zu haben. Durch einen langjährigen Musiker Freund von Ted lernen sie ein paar attraktive Damen kennen. Mithilfe eines Glücksrades wo anstatt Buchstaben prangen, hängen Fotos von jungen Damen mit dazugehöriger Telefonnummer und Konfektionsgröße. Doch alle erleiden

Vergessen war gestern, wir sprechen darüber!

einen Reinfall, denn die Angaben stimmen nicht mehr so ganz und die Männer geben schon fast die Hoffnung auf. Doch da erblicken sie auf ihrem Kriegsschiff eine kleine Yacht mit drei sehr attraktiven Damen an Bord, nun fassen sie den Entschluss diese Damen kennen zu lernen. Durch einen Mann der ebenfalls auf dem Boot ist, erfahren sie von einem versunkenen Schatz. Nun möchten sie sich auf Schatzsuche begeben um ihre Zeit nach dem Dienst an der Waffe genüsslich und sorgenfrei zu erleben. Doch da kreuzt noch eine weitere junge Dame auf, eine Künstlerin die ebenfalls an dem Schatz interessiert ist und Ted so gehörig das Leben schwer macht. Egal ob bei der Schatzsuche oder auf der Suche nach einer Frau.

Natürlich mimt Elvis Presley den Sunnyboy, der Schwarm vieler Frauen den sie kaum widerstehen können. Mit beeindrucken Aufnahmen auf dem Wasser, untermalt mit zahlreichen fetzigen Songs aus der Feder von Elvis. Dazu leichte humoristische Dialoge, die so manche kleine Schmunzler dem Zuschauer ins Gesicht zaubern.

Verantwortlich für diesen Spielfilm war der Regisseur John Rich. Ein Mann der eher im Serien-Geschäft tätig war, nur wenige Spielfilme sind in seinem Lebenslauf vorzufinden. Unter anderem noch ein weiterer Film mit Presley in der Hauptrolle „König der heißen Rythmen" aus dem Jahr 1964. Zu seinen bekanntesten Serien zählen Klassiker wie „Rauchende Colts", „Bonanza" und „Mister Ed" - wo er für zahlreiche Episoden verantwortlich war.

„Seemann ahoi" ist zwar ein Liebesfilm aber in keinster Weise zu schnulzig. Das damalige Publikum wollte unterhalten werden und nicht die Taschentücher in den Händen halten. Abgerundet wird das ganze noch mit zahlreichen Songs aus der Kehle von Presley, wie schon gewohnt auf der Bühne mit schwingenden Tanzbein und Hüftschwung.

Die Erweiterung der Liebesge-
schichte mit der Jagd auf den
versunkenen Schatz hebt den
Unterhaltungswert noch eine Stufe
höher. Auch der kleine humoristische Einsatz von Sprüchen und Si-
tuationskomiken fanden ihren Platz
und runden den Gesamteindruck
ab. Mir blieb vor allem die Yoga
Session im Gedächtnis. Normaler-
weise bin ich kein Fan von Filmen
in denen gesungen wird, doch
bei Elvis sieht das ganze anders
aus. Wer das genauso sieht wird
mit „Seemann ahoi" seine Freude
haben, auch wenn die oft „heile"
dargestellte Welt immer etwas
leicht befremdlich wirkt.

Im Pazifik wütet der Zweite Weltkrieg, und Lt. Commander Duke E. Gifford steckt mittendrin. Er evakuiert Kinder von Inseln, die sich in Feindeshand befinden. Er überwacht die Entwicklung von Torpedos in Pearl Harbor. Und er durchpflügt im U-Boot die Tiefen des Meeres, denn er wartet nur auf die Chance, seine verbesserten "Blechfische" (Torpedos) auf den Feind abzufeuern.

…ist der zweite Kriegsfilm, in dem John Wayne den Kommandanten eines U-Bootes spielt. Regisseur George Waggner inszenierte mit Hilfe von Archiv-Aufnahmen aus dem Zweiten Weltkrieg einen spannenden, teils langatmigen U-Boot-Film. Hier erleben wir die Mannschaft und ihre Vorgesetzten bei ihrer gefährlichen, teils ermüdenden Arbeit auf See. Sei es auf, oder unter dem Wasser - John Wayne, der in Hollywood den Spitznamen "Duke" bekam, schlüpfte in "Unternehmen Seeadler" in die Rolle des Kommandanten „Lt. Commander Duke E. Gifford".

Der Name aus dem Skript ist eine Hommage an seinen Spitznamen, den er in seiner Kindheit schon bekam.

VON STEFAN BÖSE

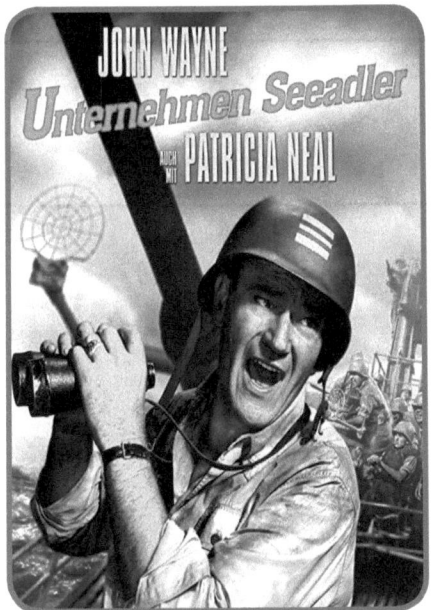

Der Zuschauer von "Unternehmen Seeadler" bekommt hier eine Romanze a´la Hollywood geboten und dazu etwas Action mit Unterwasser-Kämpfen und Torpedo-Schlachten. Abgerundet werden diese noch durch zahlreiche „an Land-Szenen", sei es die Versorgung der Schiffe mit Proviant, oder auch Besuche bei Angehörigen und Vorgesetzten. Die Szene, in denen die Torpedos auf ihre Zünder hin untersucht werden, ist besonders interessant und bleibt im Gedächtnis haften.

Natürlich sollte man betreffend der U-Boot Innenaufnahmen kein Meisterwerk erwarten. Der Krieg ist erst ein paar Jahre her und Hollywood hatte noch häufiger finanzielle Probleme, ein großes Budget zur Verfügung zu stellen. Doch die Bauten des U-Bootes sind dem Entstehungsjahr entsprechend gut ausstaffiert und können durchaus überzeugen.

"Unternehmen Seeadler" gibt es in zwei Schnittfassungen: Die Amerikanische ist länger und bietet mehr Dialoge zur Verständlichkeit des Films und Story, die deutsche ist gekürzt und wurde Kino-Gerecht gestutzt.

Vergessen war gestern, wir sprechen darüber!

Impressum:

Herausgeber:
Stefan Böse

Autoren:
Barbara Goetze
Kristijan Skrobo

Lektorat: Adrian Mone-
cke

Impressum:
© 2019
Herstellung und Verlag: BoD – Books on Demand, Norderstedt.
ISBN: 9783754343319

BESUCHT UNS DOCH AUF FACEBOOK UNTER:
WWW.FACEBOOK.COM/RETROFILMBLOG

Bild-Quellen der Screenshots:

Prisoners -   Video: Empire / VPS
Wenn die Gondeln Trauer tragen -   Blu-ray Disc: Arthaus
Night Angel -   Video: UFA
Cage Fighter -   DVD: Imperial Pictures
Die Blechpiraten -   DVD: Concorde
Kannibalinnen im Dschungel des Todes: DVD: Movie Power
Sam Whiskey -   Blu-ray: Koch Media
Universal Soldier -   Blu-ray: Studiocanal
Car-Napping -   DVD: KSM
Hochzeitsnacht im Geisterschloss -   Blu-ray: Wicked-Vision
Reform School Girls -   Blu-ray: Wicked-Vision
Summer School -   VHS: CIC
Twister -   Blu-ray: Turbine Medien
Die Glücksritter -   Blu-ray: Paramount
Dragonheart -   Blu-ray: Turbine Medien
Heisse Nächte in Hollywood -   Blu-ray: Intimate Film
Pulse -   VHS: RCA Columbia
Seemann Ahoi!! -   DVD: Paramount
Unternehmen Seeadler -   DVD: Warner

Informationsquellen:
www.retro-film.de
www.wikipedia.de
www.schnittberichte.com
www.ofdb.de
www.imdb.com
www.amazon.de
www.themoviedb.org
www.video-freaks.de